人生100年時代の
地方高齢者の
住まい

藤山勝巳
Fujiyama Katsumi

幻冬舎MC

人生１００年時代の地方高齢者の住まい

はじめに

「人生80年」といわれていた１９８５年頃から約40年が経ち、現在では「人生１００年時代」という言葉をよく聞くようになりました。寿命が延び、老後のセカンドライフを謳歌する時間が増えたことはたいへんすばらしいことですが、超高齢社会に突入した日本においてシニアが充実した人生を送ることができる環境整備が追いついていないのが現状です。

厚生労働省によると２０２５年には団塊の世代約８００万人が後期高齢者（75歳以上）に、２０４０年には団塊ジュニア世代が65歳以上となり、少子化も伴って高齢者の人口割合が全人口の約35％となると推計されています。急速に進む高齢化に対応して日本では２０００年に介護保険が導入され、高齢者福祉分野に民間の参入を解禁することで医療や介護施設の拡充、認知症支援などの整備が進みました。しかし、それに伴い社会保障費も増大して財政が圧迫され、社会保障制度の持続が困難になりつつあります。

そこで新たに国が推し進めているのが、地域で高齢者を支える取り組みです。これまで国の管轄だった介護行政を地方自治体に移管し、行政、医療、福祉、住民が支え合う仕組みを構築しようとしています。２０１１年には「サービス付き高齢者向け住宅（サ高住）」という高齢者住宅のシステムが導入され、シニア世代に適した居住空間を全国に提供し、地域の医療機関や自治体と連携し快適に過ごせるまちづくりに寄与するはずでした。しかし実態は、高齢者がただ住むだけの「箱」としての機能しか備わっておらず、入居者が人生の最期を幸せに過ごせる住環境とはほど遠い施設が増えています。高齢者を孤立させないためのコミュニティづくりに国を挙げて注力していく必要があるにもかかわらず、高齢者に対する生活環境や福祉施策は立ち遅れ、「人生80年」といわれていた頃から高齢者の住環境はほとんど変わっていないのです。

私は、現在山陰で高齢者住宅事業を営んでいます。もともとは内科の医師として地域医療に携わっていましたが、私たちの地域でも高齢化は顕著であり、都市部に比べて高齢者の住環境がまったく整っていないということに問題意識をもつようになりました。

そこで私は高齢者が安心・安全かつ幸せに過ごせる住宅づくりを目指して２００５年に高齢者住宅事業に乗り出しました。私が現在運営している高齢者住宅とは、自立して暮らせる人から、介護や医療を必要とする人まで誰でも安心して豊かに過ごせる住宅です。「介護が必要だから、一人で暮らすのは不安だから仕方なく入居する施設」ではなく、いつまでも健康でいるための運動、趣味や学習などのコミュニティ活動を充実させ、人生１００年時代にふさわしい、セカンドライフ・サードライフをここで過ごしたいと思える住宅を提供しています。

本書では、人生１００年時代の日本における住環境問題を解決する新しい高齢者住宅について解説します。本書が、高齢者の住まいのあるべき姿について考えるきっかけとなれば、著者としてこれ以上の幸せはありません。

第3章
「人生100年時代」の住環境問題を解決する　新・高齢者住宅

第5章

雇用増加、介護の中心産業化、地域内経済循環——新・高齢者住宅とコンパクトシティが地方経済を活性化させる

第1章

「人生80年時代」から「人生100年時代」へ問題山積の日本

人生１００年時代に突入する超高齢社会日本

超高齢社会に突入した日本で、人生１００年時代はすでに現実になりつつあります。１００歳以上の高齢者は１９６３年には全国に１５３人しかいなかったのが、１９８１年に１０００人を上回り、１９９８年に１万人を超え、２０２２年には９万５２６人にも達しています（厚生労働省プレスリリース、２０２２年９月）。また、２００７年に日本で生まれた子どもは、その半数が１０７歳より長く生きるとの推計も米国カリフォルニア大学とドイツのマックス・プランク研究所の調査からなされています。

高齢者が増える一方少子化も急速に進んでおり、少数の労働力人口で多くの高齢者を支えなければいけない社会構造を生み出しています。さらに、この傾向はこの先ますます強まっていくとみられます。人口比でみると１９５０年には65歳以上の高齢者１人を支える現役世代は12・１人いました。ところが、２０２０年には高齢者１人を支える現役世代は2・1人と大幅に減っています。今後、さらに現役世代の割合は下がり、2065年には高齢者1人に対して現役世代1・3人という比率になると見込まれています。

以前は多くの現役世代が1人の高齢者を胴上げするような形で支えていたのに、近年は騎馬戦のように限られた人数で支える形となり、将来は1対1の肩車に近づいてくる「肩車社会」がやってくるといわれているのです。医療・介護費を中心に社会保障に関する給付と負担のアンバランスな傾向が一段と強まってくるという懸念が指摘されています。

このような状況のもと、教育を受け、仕事に従事し、老後を過ごすという3ステージだった私たちの人生は、「老後」と想定されていた70代、80代まで働くことが当たり前になりました。人生100年時代では、従来のような人生80年を前提に考えられてきた常識はもはや通用しません。私たちの生き方も社会も変革が迫られているのです。

高齢化を進めた長寿化と少子化

日本で急激に高齢化が進んだのは、長寿化と少子化が重なったことが主な原因です。ただ、長寿化という言葉は、多くの人にはあまりなじみがないと思います。高齢化と同じ意味だと思う人もいるかもしれませんが、それぞれ定義が違います。長寿化とは平均寿命が伸長することをいい、一人ひとりの寿命が長くなることです。一方の高齢化は社会で高齢者の割合が増えることで、人口構成の問題を指摘したものです。この高齢化が進んだ要因である、長寿化と少子化についての現状を把握することが重要なのです。

長寿化が進んだ理由として、まず衛生水準や医療レベルの向上、医療制度の充実が挙げられます。特に、日本で１９６１年に実現した国民皆保険制度は世界に誇るべき制度です。全国民に保険への加入が義務づけられたため、比較的安い自己負担で医療にかかることができるようになりました。医療費が高額になった場合でも、同一月にかかった自己負担額が負担限度額の上限を超えた分が払い戻されるという高額療養費制度もあり、受診しやすくなっています。

健康意識が高く、人間ドックなどの検診の受診機会が多いという日本の国民性も長寿化に寄与しています。

一方の少子化も著しいスピードで進みました。日本の年間出生数は、団塊の世代が生まれた第１次ベビーブーム期（１９４７～49年）に約２７０万人、団塊ジュニアが生まれた第２次ベビーブーム期（１９７１～74年）の１９７３年には約２１０万人でしたが、１９７５年に２００万人を割り込みました。さらに減少を続け、１９８４年に１５０万人以下となりました。その後、２０１６年に１００万人の大台を割り込み、あっという間に２０２２年に80万人を下回ってしまいました（速報値）。

少子化による人口減少が問題なのは将来の社会保障を考えるとき、財源となる税収を支える労働力人口が不足するためです。このように少子高齢化は社会保障を考えるうえで表裏一体の問題なのです。

健康寿命と平均寿命の差が10年ある

人生80年から人生１００年に移行していくと、延びた20年をどのように楽しく、幸せに暮らせるかが重要になってきます。ここでポイントになるのが、健康寿命の考え方です。健康寿命とは、健康上の問題で日常生活が制限されることなく過ごせる期間のことを意味します。寿命が延びても、寝たきりの期間が延びるだけだったら健康に過ごしているとは決していえません。

２０２２年の厚生労働省の発表によると、健康寿命の平均は２０１９年時点で男性が72・68年、女性が75・38年です。平均寿命と健康寿命の差が、病気など健康上の問題による療養などで生活に制限を受ける期間すなわち「不健康な期間」で２０２１年は男性が8・79年、女性が12・19年となります。不健康な期間は男女ともおおむね縮小傾向にありますが、健康ではない期間が10年もあるというのは長いと思います。人生１００年時代では、疾病予防や介護予防にもっと目を向け、健康寿命を延ばす必要があります。

人生１００年になって延びた20年間は人生の延長戦ではありません。私は、むしろこの期間を自分たちに与えられたご褒美ととらえられたらこんなに幸せなことはないと思っています。そして、すべての人がワクワクしながら老後を過ごせる環境、高齢になっても社会に必要とされていると実感できるような社会が実現すればすばらしいことだと思います。

社会の抱える課題はたくさんありますが、社会の制度さえ整えれば、人生１００年時代が到来することは人生を楽しむ余裕が生まれるので、たいへん喜ばしいことです。人格を十分に熟成させる時間も与えられます。論語によると、孔子は「吾十有五にして学に志す。（中略）七十にして心の欲する所に従へども矩《のり》を踰《こ》えず」と述べたとされています。現代に生きていれば80歳以降を、後進を育てる喜びや社会貢献の喜びとして表現したのではないかと思います。

ただ現状では、長寿が可能性を秘めた喜ばしいことである半面、社会が高齢者にとって非常に暮らしにくいものであることも事実です。これは、社会があまりにも急激に変化したことに原因があると私は考えています。

現代はテクノロジーが急速に進歩しました。地球温暖化に関する知見が深まったのも近年の出来事です。高齢者が若い頃に身につけた知識や技術、常識は今や時代遅れとなり、積み重ねた経験を活かせる場は少なくなりました。例えば、現代では年季を重ねた人の達筆な文字よりパソコンを操る技術が求められます。「おばあちゃんの知恵」はユーチューブにその座を明け渡しました。高齢者が自分の存在意義を見失ってもおかしくありません。私の周囲でも日々の生活に生きがいを見いだせず、ぼんやりと過ごすお年寄りを見かけます。

少子高齢化も急激な変化の1つです。世代間扶養で成り立っている公的年金制度も、現役世代と受給世代のバランスが一定であれば、よくできたシステムであると思います。しかし、今や変化に対応し、社会システムを作り替えなければ、日本は今後この制度を維持できない状況に陥っています。年金制度については、自分が高齢になったときのことを考えて、ちゃんと暮らしていけるだろうかと不安に思う人も多く、私のところにもそういった不安や悩みが多く寄せられています。皆が老後も安心して暮らせるような、社会システムの変革は喫緊の課題です。

介護行政の地方自治体移管が進む一方で、介護保険料の地域格差や弊害も現れている

２０２５年は１９４７〜１９４９年生まれのいわゆる団塊の世代といわれる約８００万人が75歳以上の後期高齢者へ突入していく年であり、65歳以上の人口は３６７７万人に達すると見込まれ、高齢者の医療・介護など生活を支える社会保障費の増加が社会問題となっています。20歳から64歳の現役世代が大幅に減少する２０４０年に向けて、特に医療費・介護費が大きく伸びると考えられており、公的負担は年々重くなる見通しです。

そのため厚生労働省は２０２５年を目途に、重度の要介護状態となっても住み慣れた地域で自分らしい暮らしを人生の最後まで続けることができるよう、地域包括ケアシステムの構築を実現しようとしています。社会保障費を抑えるためには、なるべく病院や施設に入らなくても高齢者の自立を支援し、質の高いケアができる仕組みを構築してい

かなくてはなりません。地域包括ケアシステムとは、介護保険制度と医療保険制度の両分野から高齢者を地域で支えていくという目的で、それぞれの地域の特性に合った医療・介護・予防・生活支援・住まいが確保される体制を構築して地域内で支え合う体制のことをいいます。

地域包括ケアシステムの構築のために、国は介護保険法などを改正したり大規模な予算をつけたりして、地方自治体に高齢者の自立支援と重度化防止に向けて、介護施設の整備や訪問介護ステーションの開設などの取り組みを求めています。

しかし、一方で従来は訪問介護や通所介護といった予防給付サービスは全国一律の建て前だったのが、各市町村が主体となって取り組む地域支援事業に移行されました。この見直しによって、既存の介護事業所のサービスだけでなく、民間の企業や住民ボランティア、ＮＰＯ法人（特定非営利活動法人）などによる多様なサービスが提供できるようになったと厚生労働省は強調しています。ところが地域でのケアの実態をみてみると、全国の隅々まで行き届いているとはとてもいえないし、むしろ地域によって徐々に立ち遅れが目立ってきているのではないかと私は率直に感じるのです。

例えば介護保険料については3年に1回、全国の自治体と広域連合が見直すことになっており、月額の最も高いのが東京都青ヶ島村の９８００円、最も安いのは群馬県草津町など2町村の３３００円で差は月６５００円にも及び、年額では7万８０００円にもなっています。また、高齢化が全国平均を上回るペースで進む新潟県では施設サービスの１人あたり給付費が全国で最も高くなっています。

また地域によって介護保険の予算や運用が明らかに異なっており、ケアが地域全体に行き届いていないなどの問題は、国よりも主に市町村の運営によるところが大きいと私は考えています。例えば介護保険の地域差によって、特別養護老人ホーム（特養）などに入居を希望しても施設に空きがなくて入居できない状態になってしまう、いわゆる介護難民が増えています。

厚生労働省の調べでは、２０１９年時点で要介護3～5であるのに待機状態にある高齢者が全国で29万２０００人もいます。都道府県別では東京都が最多の２万５０００人、次いで神奈川県、兵庫県、大阪府という結果でした。介護難民は都市部で増加傾向にあるのですが、都市部では地価が高いことから土地の確保が難しく、介護を必要とする人のための施設の整備が行き届いていないのが現状です。そのため都市部の介護難民を救うには、地方で受け皿を用意することが必要だと私は考えます。また人口減少などに苦しむ自治体にとっては、高齢者が要介護者になる前から移住したいと思ってもらえるようなまちづくりを進めれば、介護難民を救うだけでなく地域活性化にもつながります。2025年問題、2040年問題を抱える日本においてこれから介護難民が増加していくことは明白なため、今のうちから地方に受け皿を確保していくことが重要なのです。

進む地方の過疎化・高齢化

地方では都市部よりも、高齢化とそれに伴う問題が深刻化します。

私たちの会社がある鳥取県米子市の場合、2020年に14万7421人だった総人口は2040年にはその97%に減少します。これは実は地方都市としては減少の割合が少ない、非常に良い数字です。ただ、90歳以上の人口が約１・９倍に増え、生産年齢人口（15〜64歳の人口）は90％に落ちます。老年人口（65歳以上の人口）の割合は２０２０年時点で29％という全国的にみて平均的な値ですが、２０４０年には33％に増えます。

　しかし、90歳以上の独居が、現在の独居比率を20％と仮定すると、２０４０年には独居比率が2倍になるといわれているため、人口に占める割合は40％と増加します。２０２０年に７８１人だった90歳以上の独居高齢者は２９００人に膨れ上がり、２０４０年には、団塊の世代の独居が社会問題となると考えられます。

　大都市圏の象徴でもある東京都も２０２５年をピークに総人口は減少に転じる予測ですが、減少ペースは全国と比べて緩やかであり、東京一極集中の状況は変わりません。ただ、90歳以上人口が2倍以上に増えることは同様です。子どもの割合（年少人口割合）が少ないのにもかかわらず、生産年齢人口が維持できているのは、若者が地方から移住してくることを意味しています。全国各地の地方から、やりたい仕事ややりがいのある仕事、あるいは高収入の仕事を求めてくるのです。

　２０４０年に団塊の世代は90歳以上となり、いわゆる超高齢者の独居世帯や夫婦２人暮らしの世帯が増加し、要介護状態の人の割合が急激に上昇すると予想されています。労働力人口の減少に伴い介護人材不足はさらに深刻になり、現役世代の社会保険料負担はますます増加します。少子化と高齢化が同時に進行する日本では、２０４０年はさまざまな社会問題が次々と顕在化するのではないかと私は懸念しています。

有効な対策を取ることができなければ、大都市とその近郊では90歳以上が急増し、中山間部は過疎化がさらに急激に進み消滅の危機に直面し、日本は持続可能でなくなってしまいます。およそ20年以内という近い将来に確実にやってくる、困難な状況を乗り越えるための改革をすぐにでも進めていく必要があるのです。

第2章

地方の高齢者が生きづらい——「人生100年時代」に適応していない地方の住環境問題

高齢者が生活しづらい日本のまちづくり

日本では、戦後の経済成長に伴って各地方で都市部に人口が集中し、周辺部が開発されて市街地が広がっていきました。郊外化です。その背景として、自動車や鉄道などの交通インフラの整備や所得の向上、環境悪化などが挙げられます。都市部で働く人々が、自然豊かで住みやすく、低価格な住宅を求めて郊外へ移転していったのです。

移り住む中心となったのは、若い子育て世代です。郊外の住宅地は適度な自然があり、道路の幅員がしっかり確保されるなど安全性も高く、子どもの遊び場も整備されていて子育てに適しています。十分な広さの一戸建て住宅が得やすいという大きなメリットもありました。勤務先やスーパーなどへは車で移動すればよく、何も不自由はありません。ただ、子どもたちが成長したあとの進学や就職の選択肢が少ないため若者の流出を止めることができず、親世代が高齢化して運転もままならなくなったのちも快適に過ごせるような設備の充実や交通網の整備はあまり積極的に行われてきませんでした。

子ども世代が土地を離れ、親の世代はそのまま住み続けることを希望し、高齢化が進みます。独居の高齢者や高齢者夫婦世帯が増えていき、新たに若い住民が移り住むこともありません。郊外が発展した時期とは情勢が異なり、地方都市では人口が減少して経済も縮んでしまいました。こうして郊外に空き家が増え、ゴーストタウン化が静かに進行しているのが現在の状況です。

もともと、郊外に開発された住宅地は高齢者向けに設計された街ではありません。しかも、開発当初は高齢者がほとんど住んでいなかったため、高齢者の暮らしやすさが考慮されることはありませんでした。このようにして、車による移動が前提の郊外に、交通弱者である高齢者が取り残されていったのです。

車が必須の地方では高齢者は住みにくい

地方では、多くの人がほとんど歩かない生活を送っています。100メートル先のコンビニにも車で行くという状況で、生活の足を完全に車に依存しています。

このため、1世帯で乗用車を複数台所有するのが当然という状況です。父親が通勤に使い、母親がパートや買い物に行くなどそれぞれに車が必要なので仕方がありません。

1世帯あたりの自家用乗用車の台数を都道府県別に多い順に並べると、1・7台の福井県を筆頭に地方が上位に並び、最下位は東京都の0・4台です。このような事情のため、地方では軽自動車が普及しています。

このほかにも、さまざまな統計データで車に依存する地方での暮らしの状況が見て取れます。2020年の高齢社会白書によると、60歳以上の人が外出する際に利用する手段（複数回答）は、大都市（東京都区部および政令指定都市）では「徒歩」（71・0％）が最も多く、次いで「自分で運転する自動車」（38・4％）、「電車」（36・5％）、「バス」（35・5％）の順でした。これに対して、町村では「自分で運転する自動車」が断トツの66・8％に達し、「徒歩」は42・7％という少なさです。「電車」（9・1％）と「バス」（9・5％）といった公共交通は「自転車」（15・1％）より少ない結果でした。

年齢別では、年齢が高くなるほど「徒歩」か「家族などの運転する自動車」が多くなる傾向が見られます。80歳以上では、「徒歩」が58・５％、「家族などの運転する自動車」が36・１％と多くなり、「自分で運転する自動車」は26・４％に減っています。これはもちろん、歩きたくて歩いているのではなく、自分では自動車を運転できなくなっているか、自分で運転することを避けているからです。このことから、地方では年齢が高くなると外出機会が減ってしまうことが分かります。

アクセルとブレーキの踏み間違えや高速道路の逆走など、高齢ドライバーの重大事故が相次ぎ、自動車運転免許の自主返納を促す風潮が広がっています。

運転免許の自主返納件数は、１９９８年に制度が導入されてから毎年増加し、２０１９年には過去最高の60万１０２２件に達しました。ただ、その後は減少し、２０２１年は51万７０４０件でした。この原因ははっきりとは分かっていません。新型コロナ禍で高齢者が不要な外出を避け、手続きに行かなくなったことも考えられますが、公共交通機関での感染リスクを避けたため車の運転が必要となった可能性もあります。

高齢者がきっぱりと運転をやめられない背景はいくつも考えられます。自分の能力の低下になかなか気づけないということもありますし、日頃の運転で事故の危険性を実感していなければ車の利便性を優先してしまいます。認知症の配偶者を病院に連れて行く必要があれば、徒歩や自転車では困難であり、車が必須となります。

いずれにせよ、地方では車がないとどこにも行けず、特に高齢者にとっては暮らしにくい状況です。車を運転しなくなって外出の機会が減ると、身体機能の低下や認知症発症のリスクも増加する可能性があります。

そもそも、最初の自動車とされるジョゼフ・キュニョーの蒸気で走る車が発明された１７６９年からまだ２５４年しか経っていません（日本自動車工業会）。日本で自動車が走り始めてからだと１２０年程度の歴史しかありません。マイカーが全国的に普及し始めた１９６０年代には、将来高齢ドライバーの問題が深刻化するとはあまり考えられなかっただろうと思います。ですから、高齢者が安全に運転できるような車の仕組みや制度になっていないのも当たり前なのです。これも、高齢化の進展に社会システムが追いついていない例といえます。

現在、高齢ドライバーの交通事故防止対策として、「衝突被害軽減ブレーキ」や「ペダル踏み間違い急発進抑制装置」などの機能が備わった安全運転サポート車（サポカー）が普及し始めています。サポカーだけを運転できる限定免許も導入されました。

鉄道や路線バスが廃止され、住みにくさが加速

地方の公共交通の経営が厳しくなり、高齢者にとってさらに住みにくくなっています。鉄道会社は線区ごとの厳しい経営状態を公開し、鉄道のあり方について沿線自治体を巻き込んで議論を始めました。バス事業者も、コロナ禍の影響もありほとんどが赤字になっています。

2022年の交通政策白書によると、2021年に1世帯が自動車などの購入・維持に使った金額は単純平均で22・5万円と、2002年に比べて16％増えていました。ブロック別に見ると、関東以外のすべてのブロックで購入・維持費は増加し、増加の大きい順に並べると北陸（43％増）、沖縄（30％増）、東北（23％増）、九州（17％増）とな

りました。公共交通運賃への支出が減った地域ほど自動車等購入・維持費が増える傾向があり、減らしたのは関東（４％減）だけでした。

地方ではこれから、鉄道や路線バスの廃止の流れが加速し、これに呼応する形で車への依存が進みます。そして、人口減に伴い輸送人員が減り、公共交通の廃止が進むという負のスパイラルに陥ることは目に見えています。高齢者にとって、地方はますます暮らしにくくなっていくのです。

縮みゆく地方経済

地方で急激に変化しているのは、公共交通だけではありません。私の近くでもいろいろな話を聞くのですが、例えば近所のスーパーが撤退し、移動スーパーでしのいでいる地域があります。極端な例では、冬になると人手不足で除雪が追いつかず、街や集落が孤立してしまう問題が生じる場合もあります。

このほかにも、目に見える変化としては中心部の商店街から人影が減り、かつてのにぎわいがなくなりました。ほぼすべての店のシャッターが閉まり、アーケードの屋根が撤去されて遊歩道になってしまった商店街さえあります。郊外の集落では空き地や売地の看板が目に付きます。なにより、街から若い人が消えているのです。飲食店は夜のお客さんが少なくなり、昼しか営業しない店が増えました。かつて日曜日になると中心市街地の百貨店は家族連れで混雑していたものですが、今はそんな光景は見られません。

いずれの問題も、人口減少に伴って労働力人口が減り、経済が縮んでいるのが原因です。しかも、これらの変化が進むと、さらに遠くに車で移動しなくてはならなくなり、高齢者が暮らしにくくなっていくのです。そして医療機関がなくなり、子どもが減って小学校が統廃合され、若い人が戻らず、街や集落がなくなる可能性がますます高くなっていきます。

毎日新聞の２０２３年２月の記事によると、宮崎県美郷町は２０２２年10月現在で65歳以上の人口が52・５％に達し、県内で最も高齢化が進んでいます。ある地区ではスーパーマーケットや電器店などが相次いで閉店し、一番近い商店でも約５キロ離れています。これでは免許を返納した高齢者は通えません。このため、地元の郵便局が農産品販売所の協力を得て、局内に無人店舗を設置しています。

こうした状況が全国各地で起きているのに、地方自治体レベルでは公共交通の赤字を補填して維持を図るといった対症療法しかできていません。学校の廃校やスーパーの撤退など暮らしに直結する変化には手の施しようがないのでしょうし、そもそもの人口減少問題は地方自治体では太刀打ちできません。移住を促進しても、焼け石に水としか思えません。なかには人口増加の取り組みに成功した自治体もありますが、少子高齢化と東京一極集中の流れが変わらない限り、他の地方自治体と人口の奪い合いをしているだけです。日本全体で見た場合、なんの解決にもなっていません。

古い家は高齢者にとってリスクとなる

地方の住まいも、高齢者には不向きです。若い頃に購入した一戸建て住宅は、家族が多かったときにはちょうどよい広さであっても、子どもたちが巣立ったあとにはその広さを持て余してしまいます。2階建てや3階建てだと、足腰が弱った高齢者にとっては移動がつらいですし、掃除やさまざまなメンテナンスも一苦労です。

建築時期が古い家だと、断熱性能が低い場合が多くあります。電気料金が上がっている今、快適な室温を保つためには光熱費がかかり、逆に光熱費を節約し過ぎると寒暖差が激しくなって健康に影響します。

また、ヒートショックという言葉がよく知られるようになりました。入浴時に寒い風呂場でお湯につかることによって血圧が急激に変動し、心筋梗塞や脳卒中につながることを指します。消費者庁は、高齢者が自宅や居住施設の浴槽で亡くなる事故は11〜4月を中心に多く発生しているとして、注意を呼び掛けています。浴槽内での高齢者の死亡事故は年代が上がるにつれて増加し、特に75歳以上の後期高齢者の死亡者数が増えているのです。

増え続ける独居老人と孤立死
～家の中には危険がいっぱい

なにより問題なのは、独居の高齢者が増えていることです。独居の場合、自宅で突然倒れても救急車を呼ぶなど助けてくれる人が周りにいません。特に、郊外や中山間部など住宅の密度の低い地域では、発見や処置が遅れてしまう可能性があります。

内閣府が全国60歳以上の男女を対象にした調査（２０１８年）で、誰にも看取られることなく亡くなったあとに発見される「孤立死」を身近な問題だと感じる人の割合は、独居の場合は5割を超えていました。

東京都監察医務院が公表しているデータによると、東京23区内で一人暮らしをする高齢者が自宅で死亡したケース（孤立死）は、２０２０年までの9年間で約１・６倍に増えました。２０１１年に２６１８件だったのが、２０２０年には４２３８件に増えたのです。孤立死を身近な問題だと感じる人が多いのは、実際に孤立死のリスクが高いから

東京23区内における一人暮らしで65歳以上の人の自宅での死亡者数

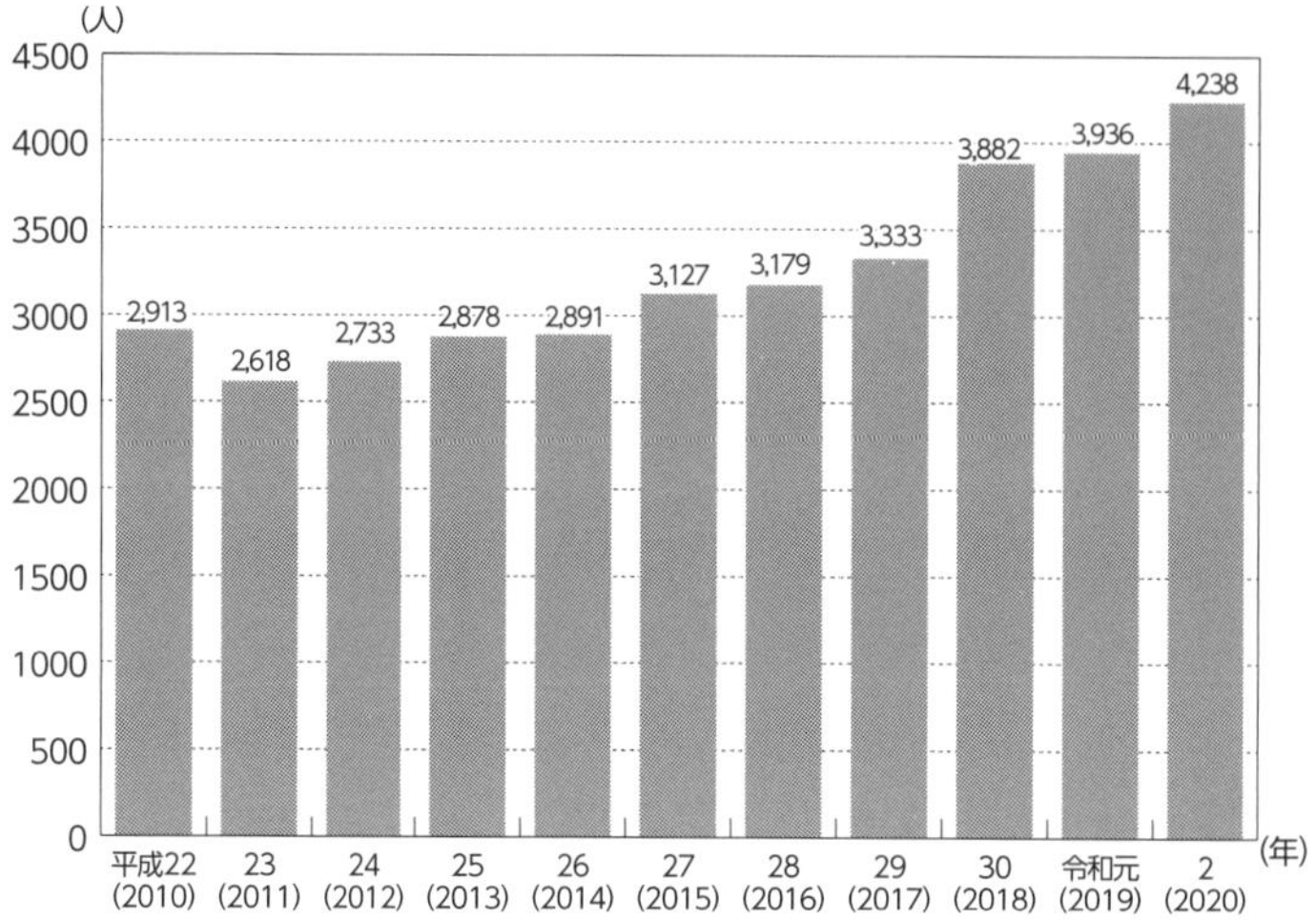

資料：東京都福祉保健局東京都監察医務院の統計より内閣府作成
(出典:内閣府「令和４年版高齢社会白書」)

に違いありません。

孤立死の原因で多いのは心筋梗塞や脳卒中など突発的な病気です。孤立死に至らないまでも、運動機能や視覚などが衰えた高齢者にとって住宅内は事故のリスクがたくさん潜んだ場所です。

国民生活センターによると、高齢者の家庭内事故としては▽階段からの転落、転倒▽屋外作業中の転落▽食料品などの誤飲・誤嚥《ごえん》▽着衣着火でのやけど▽風呂場での転倒、やけどなどが挙げられます。高齢者は複数のことを同時に行うことが苦手なため、何かの動作中に別のことに注意を向けることが必要な場面で転びやすくなります。特に75歳以上は骨が折れやすく、若いときとは違って転倒や転落は要注意です。転倒や転落によるけがが原因となって介護が必要になるケースもあります。階段には手すりや照明器具を設置して周りに物を置かない、食事はゆっくり食べる、火を使うときは衣類の袖や裾に注意する、などの予防策や注意が必要です。

ただ、事故を完全に防ぐのは困難です。こうした住居内の危険も、最初から高齢者が暮らしやすいように設計しておけばよかったのですが、多くの家屋ではそのような対策は取られていません。

住宅火災で多くの高齢者が亡くなっている

住宅火災による死者数の7割を65歳以上の高齢者が占めています。

２０２１年の高齢社会白書によると、２０１９年に住宅火災で亡くなった８９９人の

住宅火災における死者数の推移（放火自殺者等を除く。）

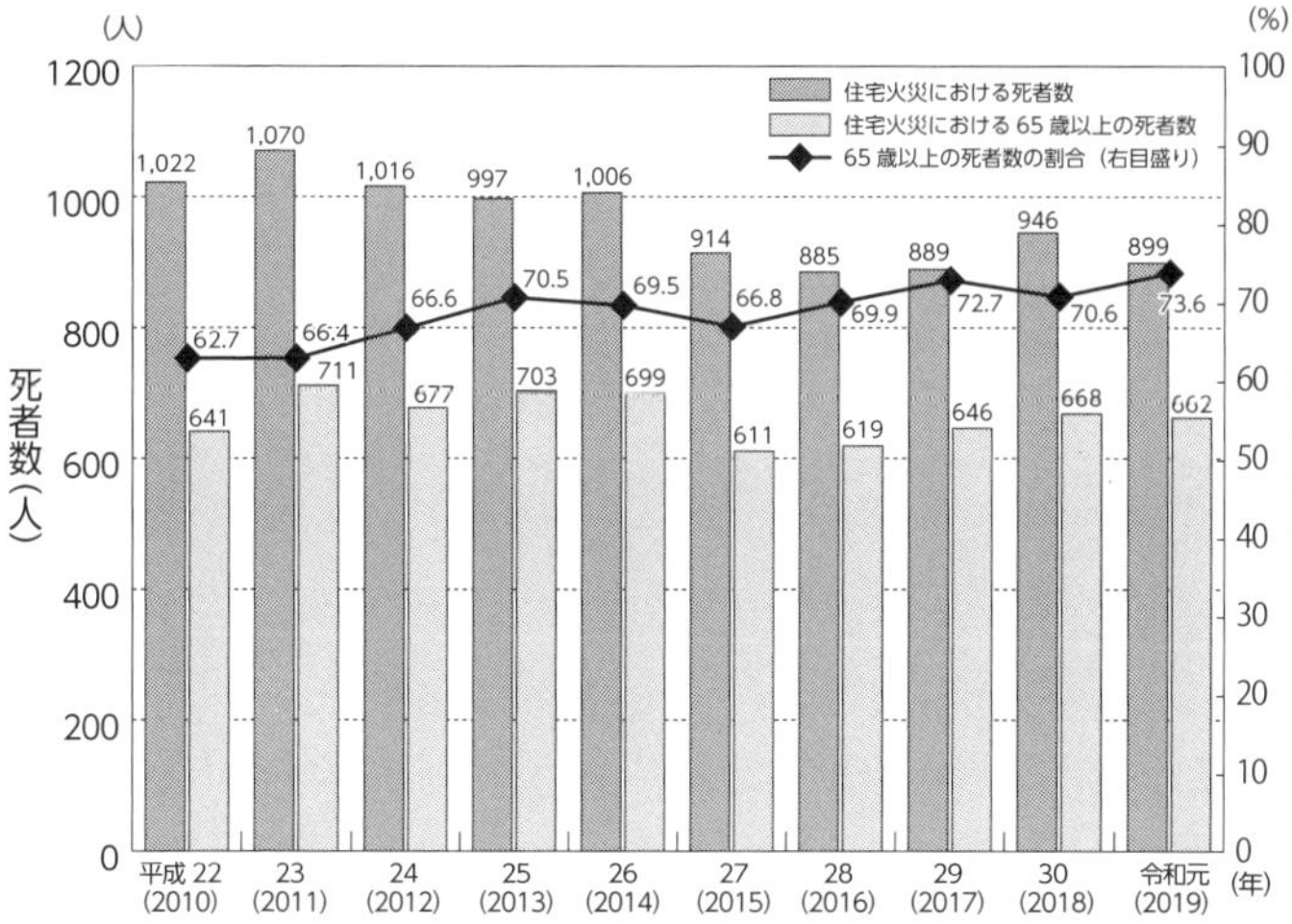

資料：消防庁「令和元年（1月～12月）における火災の状況（確定値）」
（出典：内閣府「令和３年版高齢社会白書」）

うち65歳以上の高齢者は73・6％に当たる662人でした。この傾向は長年続いていて、6～7割で推移しています。

総務省消防庁の資料によると、出火原因はたばこやストーブが多くなっています。高齢になると、住宅火災を起こす危険性と、火災に気づかない危険性、逃げ遅れる危険性がいずれも大きくなっています。例えば、視覚が衰えてガスコンロの青い炎が見えにくくなったり、熱さに鈍感になって衣服に火が燃え移っても気づくのが遅れたりといったことが起こります。また、認知機能が低下して火を消し忘れるという危険性もあります。さらに、筋力が落ちているため逃げる速さは遅くなっていますし、瞬間的な判断も鈍くなっています。同居の若い家族がいれば、これらの危険性が少しは回避できるでしょうから、住宅火災も独居と隣り合わせのリスクだといえます。

人口密度が低いと災害にも弱い

地方が抱える問題の多くは、人が拡散して住んでいることに帰結されます。飲食店やスーパーなどあらゆる商売は、人がある程度集まっていないと成り立ちません。自治会や町内会などの地縁団体の活動も不活発になっていき、声掛けや見守りなどの高齢者支援が難しくなります。「都会は人と人とのつながりが希薄」といわれ、地方の良さが強調されることもありますが、それは過去の話になりました。

「地域福祉の担い手」である民生委員もなり手不足が深刻化し、２０２２年12月には全国で１万５１９１人もの欠員が出ています（厚生労働省発表）。民生委員は独居の高齢者を訪問するなど行政や福祉サービスに橋渡しをする役割があるため、支援の網に漏れが生じるおそれがあります。

災害にも弱くなっています。例えば、大雨で洪水や土砂崩れの危険が迫ったとき、役所は住民に避難を呼び掛けなければなりません。このとき、対象エリアが広いと呼び掛けに時間がかかり、避難場所への誘導も困難ですし、避難場所への距離も遠くなります。国が「共助」の重要性を強調しても、住民が少なければ助け合いも困難なのです。

ライフステージに合わせて住まいのニーズは変わっていく

進学や就職、結婚、子どもの成長などライフステージの変化に伴い、その状況に適した住まいの規模や立地条件は変わっていきます。若い頃は賃貸住宅に住むケースが多く、ライフステージに合わせて住居を変えていきます。しかし、そのゴールとして一戸建て住宅を購入してしまうと、それ以降にライフステージの変化があっても転居しようとは思わないのが現在の常識になっています。一戸建て住宅は一生モノの高い買い物ですから、家に自分たちを合わせて住み続けることになってしまっています。稼ぎ手の単身赴任はその状況の一つです。そして、独居の高齢者が増えるのも同じ構造です。決して一人暮らしがしたいのではなく、自分が購入した一戸建て住宅を中心に考えてしまうから、一人暮らしをせざるを得なくなるのです。

私たちの高齢者住宅にも、「自宅をリフォームするから2カ月間入りたい」と入居する人がいます。何百万円もかけてリフォームするのならば高齢者住宅にずっと住めばいいのに、と思うのですが、マイホームに住み続けたいという思いからはなかなか離れられません。

人生１００年時代には、豊かに幸せに暮らすためにはこうした価値観を変えたほうがいいのです。85歳や90歳になった時点で独居だったならば高齢者住宅に移り住むのが当たり前だと考えるようにならないと、日本は立ちゆかなくなってしまいます。深刻化の一途をたどる超高齢社会を乗り越えるためには、こうした価値観の転換が必要です。

第3章

「人生１００年時代」の住環境問題を解決する

新・高齢者住宅

高齢者の増加により需要が増した高齢者住宅

介護保険制度が創設された2000年に901万人だった75歳以上の人口は、2025年には2・4倍の2180万人に達する見込みです。特に、85歳以上の人口の増加が激しく、2000年（224万人）から2025年（720万人）の25年間で3・2倍になろうとしています。そして、高齢になればなるほど介護が必要な人の割合は増えていきます。このため、独居で介護が必要になったケースなど一般住宅での生活が難しい高齢者向けの住まいの需要がさらに増すことは確実です。福祉の観点から高齢者向けの住まいを増やさなければならないのはもちろんですが、ビジネスの視点で見ても日本でこれだけ成長が確実なマーケットはほかにありません。

高齢者の住まいについては、国土交通省の資料によると高齢者の97％が在宅で、残りの3％が特別養護老人ホームなどの施設に入っているという現状が明らかになっています。要支援・要介護の認定を受けた高齢者も85％が在宅介護を受けています。この85％

にはサービス付き高齢者向け住宅と有料老人ホーム、認知症高齢者グループホームといった高齢者住宅も含まれ、高齢者住宅の入居者を除くと、要支援・要介護認定を受けた高齢者のうち71％が一般の住居で暮らしていることになります。

介護が必要になった高齢者のなかには、なるべく自宅で過ごしたいという考えをもつ人も少なくありません。しかし、「老々介護」という言葉が聞かれるようになった現在、高齢者介護は介護をする人にとって負担が大きい現状があります。介護をする人の負担軽減という面からも、高齢者住宅が果たす役割は今後ますます大きくなると予測されます。

高齢者向け住まいは種類がたくさんある

次のページの図は高齢者向け施設と住まいの利用者数の推移を示したものですが、介護老人福祉施設（特別養護老人ホーム）の利用者数が最も多く、順調に増えていること

高齢者向け施設・住まいの利用者数

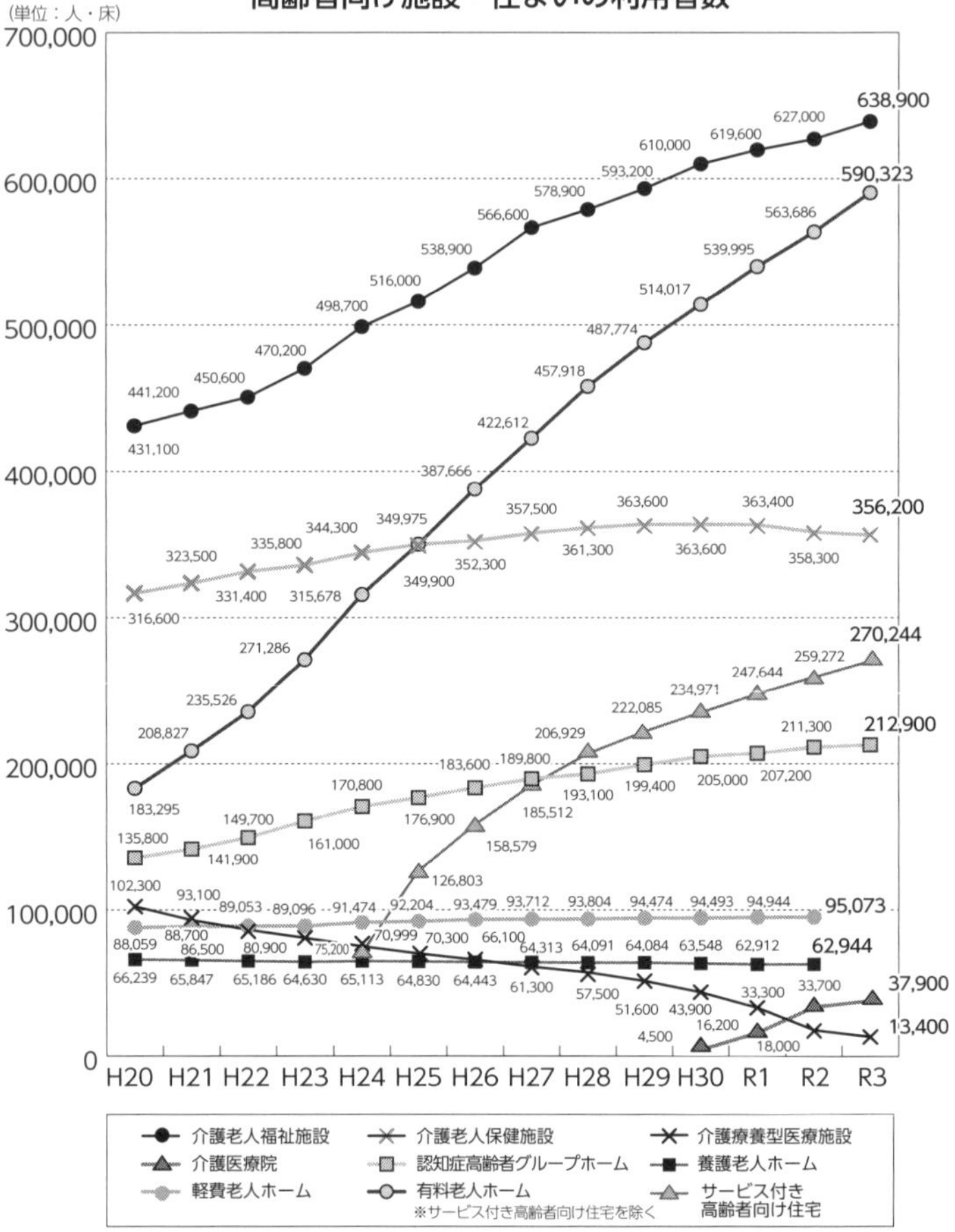

※1：介護老人保健施設および認知症高齢者グループホームは、「介護サービス施設・事業所調査（10/1 時点）【H12・H13】」、「介護給付費等実態調査（10 月審査分）【H14 ～ H29】」および「介護給付費等実態統計（10 月審査分）【H30～】」による。

※2：介護老人福祉施設は、介護福祉施設サービスと地域密着型介護老人福祉施設入所者生活介護を合算したもの。

※3：認知症高齢者グループホームは、H12 ～ H16 は痴呆対応型共同生活介護、H17 ～は認知症対応型共同生活介護により表示。（短期利用を除く）

※4：養護老人ホーム・軽費老人ホームは、「社会福祉施設等調査（R2.10/1 時点）」による。ただし、H21 ～ H23 は調査票の回収率から算出した推計値であり、H24~ は基本票の数値。（利用者数ではなく定員数）

※5：有料老人ホームは、厚生労働省老健局の調査結果（利用者数ではなく定員数）による。サービス付き高齢者向け住宅を除く。

※6：サービス付き高齢者向け住宅は、「サービス付き高齢者向け住宅情報提供システム（R3.9/30 時点）」による。（利用者数ではなく登録戸数）

や、有料老人ホームの利用者数がトップに出る勢いで伸びていることなどが読み取れます。また、2012年に登場したサービス付き高齢者向け住宅は順調に増えており、その種類も多くなっています。

それぞれ目的や特徴が異なるのですが、特に私たちが展開している有料老人ホームとサービス付き高齢者向け住宅といった高齢者住宅が、介護保険施設とはどう違うのかということがあまり理解されていないように思います。高齢者向け施設の種類は、大別すると介護保険施設と高齢者住宅の2種類です。

〈介護保険施設〉

介護保険施設は介護保険サービスとして利用できる公的な介護施設を指し、介護保険制度に基づいて、要介護の認定を受けた高齢者が利用できます。介護保険施設には、特別養護老人ホーム（介護老人福祉施設）、介護老人保健施設、介護療養型医療施設、介護医療院があります。

●特別養護老人ホーム（介護老人福祉施設）

特別養護老人ホームには、自宅での生活や介護が難しくなった人が入所できます。対象は原則として要介護度3以上の高齢者ですが、要介護度3未満でも認知症の進行や知的障害・精神障害、家族による深刻な虐待などやむを得ない事情により、特別養護老人ホーム以外での生活が困難な場合に特例的に入所が可能となっています。比較的安価に介護を受けながら暮らせるのが特徴です。

入所すると、入浴、排せつ、食事などの介護や、その他の日常生活の世話、機能訓練、健康管理、療養上の世話が受けられます。レクリエーションやイベントなどの支援も行われ、利用者が楽しく過ごせるような仕組みも整えられています。

設置主体は、社会福祉法人や地方自治体です。1人あたりの居室面積を10・65平方メートル以上とするなどの設備基準が定められています。

また、サービスを提供するために必要な職員として、医師や介護職員、看護職員、生活相談員、栄養士、機能訓練指導員、介護支援専門員の人員基準が定められています。

●介護老人保健施設

介護老人保健施設は、要介護者の心身の機能の維持回復を図り、居宅での生活を営むことができるようにするための支援を行う施設です。そのため、医師による医学的管理のもと、看護や介護のほか、作業療法士や理学療法士によるリハビリテーション、さらに栄養管理や食事、入浴などの日常生活の世話が受けられます。

利用できるのは、要介護認定を受け、病状が安定していて入院の必要がなく、リハビリテーションを必要とする人です。

2017年に法律が改正され、「在宅復帰、在宅療養支援のための地域拠点となる施設」「リハビリテーションを提供する機能維持・改善の役割を担う施設」というように役割が明確化されています。

●介護療養型医療施設

介護療養型医療施設は、医療が必要な要介護高齢者のための長期療養施設です。病気やけがの治療後、症状が安定した人がここで療養します。高度な医療的ケアがサービスに含まれながら、比較的安価です。

療養が目的のため、一般的な有料老人ホームのようにレクリエーションやイベントなどにはあまり力を入れていません。また、掃除や洗濯、買い物などのサービスもあまり提供されていません。

介護療養型医療施設は２０２４年３月末に廃止され、介護医療院に転換されます。

●介護医療院

介護療養型医療施設の廃止後の受け皿として、介護医療院が２０１８年４月に創設されました。介護医療院は、要介護高齢者の長期療養・生活のための施設と位置づけられています。医療提供施設の側面ももちながら生活施設としての役割を果たすために、相部屋であってても家具やパーティションによる間仕切りを設置するなどプライバシーに配慮しています。

また、特別養護老人ホームや介護老人保健施設と同様に地域交流を基本方針として位置づけ、利用者の看取りやターミナルを支えることも重要な役割と想定されています。

今後、医療ニーズのある要介護高齢者は急速に増えていくと予測されます。こうした人たちの生活を医療と介護で支える施設として重要です。

〈高齢者住宅〉

高齢者住宅の定義は実はあいまいで、介護保険施設やバリアフリー仕様の分譲マンション、入居を高齢者に限定した賃貸住宅なども含めて「高齢者住宅」としている例も見かけます。ここでは、公的な介護保険施設やバリアフリー仕様の分譲マンションなどを除いた狭義の「高齢者住宅」を指し、「有料老人ホーム」「サービス付き高齢者向け住宅」「認知症高齢者グループホーム」「軽費老人ホーム」「養護老人ホーム」が含まれます。いずれも高齢者住まい法や老人福祉法が根拠法となります。

●有料老人ホーム

有料老人ホームは、高齢者向けに①食事の提供、②介護（入浴、排せつ、食事）の提供、③洗濯、掃除などの家事の供与、④健康管理――の４つのサービスのうち１つ以上を提供します。サービスの内容や居室の広さなどが多様で、価格帯も非常に幅広くなっています。元気なうちから入れるところは居室が広くて共用設備が充実していることが多く、入居時や月々の費用は高くなります。

有料老人ホームはさらに、介護付き有料老人ホームと住宅型有料老人ホーム、健康型有料老人ホームに分かれます。厚生労働省の調査によると、２０１９年６月30日現在、介護付きが全体の28・８％に当たる４０７０件、住宅型が71・０％に当たる１万29件、健康型が０・１％の19件です。

介護付き有料老人ホームは、介護サービスをホームの職員が提供する方式が主流です。

この方式の場合、介護サービスの費用は介護保険の要介護度に応じた利用限度額の自己負担分（定額）を支払い、24時間介護を受けられます。費用が変動する心配はありませんが、サービスをあまり使わないときも同額支払う必要があります。また、介護体制が手厚ければ、ホームが定める一定の「上乗せ介護費用」が必要になる場合もあります。

住宅型有料老人ホームは、自宅で介護サービスを利用する場合と同じように、必要に応じて外部の介護事業者と契約をします。利用するサービスが少なければ費用は少なくなります。この「外部の介護事業者」が、ホームに併設されている場合もあります。

健康型有料老人ホームは、自立した高齢者のためのホームです。介護が必要となった場合には契約を解除し退去しなければなりません。家事が面倒な場合など一人暮らしをやめたい高齢者にニーズがあります。レクリエーションなどのサービスが充実している傾向があります。

●サービス付き高齢者向け住宅（サ高住）

サービス付き高齢者向け住宅は、２０１１年に「高齢者住まい法」の改正によって国土交通省と厚生労働省の共管制度として創設された新しい高齢者住宅です。「サ高住《こうじゅう》」と略されます。高齢者は一般のアパートやマンションの入居を断られることが多いため、自立している高齢者の賃貸住宅の整備を目的として制度が設けられました。主に営利法人が設置しています。

要介護度が高くない高齢者を主な対象とした賃貸住宅です。年齢条件は60歳以上ですが、要介護認定を受けていれば60歳未満でも入れます。また、同居人の条件は、配偶者または60歳以上の親族、要介護認定を受けている親族、特別な理由により同居の必要がある人です。

床面積は原則25平方メートル以上（共用の浴室などがあれば18平方メートルでも可）で、バリアフリーであることなどが求められます。生活の自由度が高いということも特徴に挙げられます。

また、少なくとも状況把握サービスと生活相談サービスが受けられます。さらに、大部分が食事の提供もしていて、この場合は有料老人ホームにも該当します。

このように、サービス付き高齢者向け住宅であり、有料老人ホームでもある、ということがあり、その違いが分かりにくくなっています。所轄官庁が有料老人ホームは厚生労働省、サービス付き高齢者向け住宅は国土交通省、という縦割り行政の弊害です。では、事業者がサービス付き高齢者向け住宅か有料老人ホームかのどちらかを選べるかというと、そういう制度ではありません。

サービス付き高齢者向け住宅の基準を満たせば、登録して補助金や税制優遇を受けられます。そして、サービス付き高齢者向け住宅の事業者が、有料老人ホームの要件となっている４つのサービス（①食事の提供、②介護の提供、③家事の供与、④健康管理）のうち１つ以上を住宅事業の一部として実施している場合に「有料老人ホーム」にも該当し、老人福祉法の指導監督の対象となります。住宅事業者の希望の有無にかかわりません。

国土交通省の資料によると、２０２２年8月末時点で、サービス付き高齢者向け住宅の96・２％が食事の提供を行っています。このほか、入浴などの介護サービスは全体の49・５％、調理などの家事サービスは52・９％、健康の維持増進サービスは63・１％が提供しています。

また、サービス付き高齢者向け住宅には、外部ではなく自前で介護サービスを提供するところもあり、この場合は「介護型」と呼ばれます。

●認知症高齢者グループホーム

認知症高齢者グループホームは、認知症の人がスタッフのサポートを受けながら少人数で共同生活を送る施設です。老人ホームなどに比べると安価な傾向があります。

●軽費老人ホーム

軽費老人ホームは、低所得でも入所できるというコンセプトの施設です。食事や生活支援サービスは付いていますが、介護サービスは別途契約が必要です。

また、軽費老人ホームの一つに、ケアハウスがあります。

ケアハウスで介護も行う場合は、「介護型」と呼ばれます。介護サービスの利用料は要介護度によって決まり、毎月固定で負担します。

●養護老人ホーム

養護老人ホームは、環境上および経済的に困窮した高齢者のための施設です。入所者を養護し、その人が自立した生活を営み、社会的活動に参加するために必要な指導および訓練などの援助を行うことを目的とします。主な設置主体は地方公共団体や社会福祉法人です。

介護施設ではなく、提供されるサービスに介護サービスは含まれません。長期的な利用もできません。

介護保険施設と高齢者住宅の違いを知っておくことは、実際に暮らす高齢者が充実した生活を過ごすうえで必須といえます。なぜなら、提供する介護サービスの内容や食事の有無という点がそれぞれで異なるためです。施設のホームページなどを確認しても疑問や不安が解決されない場合、電話やメールで問い合わせるといったことも一つの方法です。

費用の相場

介護保険施設や高齢者住宅に入居する際、発生する費用には初期費用と月額費用の2つが存在します。初期費用として発生する項目は敷金・保証金・入居一時金、月額費用の項目には管理費・生活用品購入費・水道光熱費などです。これらの項目を総称して、初期費用または月額費用という言葉が使用されます。

次ページの表は、SOMPOケアが運営する「SOMPOケア」のホームページに掲載されている介護保険施設や高齢者住宅の費用相場です。

費用はあくまで相場となっているため、施設によっては入居にかかる費用が抑えられる可能性もあります。施設ごとの特徴を考慮しつつ、発生する費用を事前に計算しておくことが大切です。

種　類	初期費用	月額費用
特別養護老人ホーム	不要	10万～15万円
介護老人保健施設	不要	10万～15万円
介護療養型医療施設	不要	10万～20万円
介護医療院	不要	5万～25万円
介護付き有料老人ホーム	0～数千万円	10万～50万円
住宅型有料老人ホーム	0～数千万円	10万～30万円
健康型有料老人ホーム	0～数千万円	10万～40万円
サービス付き 高齢者向け住宅（一般型）	敷金・礼金など 数十万～数百万円	10万～25万円
サービス付き 高齢者向け住宅（介護型）	敷金・礼金など 数十万～数百万円	15万～40万円
認知症高齢者グループホーム	0～数百万円	10万～30万円
軽費老人ホーム	保証金（数十万円）	3万～17万円
ケアハウス（一般型）	0～30万円	6万～20万円
ケアハウス（介護型）	0～数百万円	6万～20万円

SOMPOケアHP「高齢者向け住まい（老人ホーム等）の費用相場と初期費用・月額費用の内訳」を基に作成

まだネガティブなイメージが強い高齢者住宅

サービス付き高齢者向け住宅や有料老人ホームといった高齢者住宅と介護保険施設では大きな違いがありますが、世の中では高齢者住宅はまだ「施設」としてとらえられているのが現状です。高齢者住宅に入居する場合でも、「入所」という言葉を使う人によく出会います。

日本には昔から、身寄りのない貧しい老人を収容・保護した「養老院」という公共施設がありました。１９６３年制定の老人福祉法で「老人ホーム」に改称されましたが、当時の「姥捨て山」というイメージは一部にまだ根強く残っています。

現在でも、高齢者住宅に対するイメージを問われたら、おそらく「行きたくないところ」という答えが返ってきます。寂しく、あまりきれいではない場所だと思っている人も多いと思います。確かに、私が若い頃は親の世代から「老人ホームには入れないで」「年を取ったらあなたが面倒見て」と言われていました。

それから時は経ち、有料老人ホームの高級化や老人福祉法の改正などを経て、高齢者向けの住まいに対するイメージや考え方は大きく変化しました。サービス付き高齢者向け住宅や有料老人ホームといった高齢者住宅を実際に見てもらえば、染みついたイメージはだいぶ変わるはずです。親子で「年を取ったらいい高齢者住宅に入れてね」「年金だと足りないので、ちょっとお金を助けて」という会話がされるような社会にしたいと私は考えています。

マネタイズしやすいビジネスと化した高齢者住宅事業

高齢者住宅事業にまったく問題がないかというと、そうではありません。むしろ、改善すべき点は多数あります。

その一つに、高齢者住宅事業をマネタイズ（収益化）しやすいビジネスととらえる事業者の存在があります。本来、「高齢者は一人暮らしではなく集まって住んでもらったほうが豊かに暮らせる」「高齢者が住みやすい住居を提供する」という考え方を基に事業を営むべきだと思うのですが、制度上、介護事業と結びつけることで収益が上げられる構造になっているため、利用者本位の姿勢を忘れ、収益重視の事業者が少なからずいることが問題です。

例えば、囲い込みという問題行為があります。これは、サービス付き高齢者向け住宅や住宅型有料老人ホームの入居者に過剰に介護サービスを利用させ、収益を上げる行為です。

サービス付き高齢者向け住宅や住宅型有料老人ホームは、自宅で生活する場合と同じ「区分支給限度額方式」が適用され、訪問介護や訪問看護、通所介護など外部の介護サービスを受けます。そして、利用した介護サービスについて、自己負担分の料金を支払う仕組みです。外部サービスは自分で選んで利用できるのですが、入居の条件として事業者に都合の良い介護事業所が強制されるケースがあります。このように、高齢者住宅と同じ事業者や系列の事業者が運営する訪問介護や通所介護を限度額まで利用させ、高い収益を得るのが囲い込みです。同様に、過剰な医療サービスを受けさせて利益を得るケースもあります。

介護が必要な高齢者が入居する高齢者住宅では、「住居」を提供する事業と「介護」を提供する事業が行われています。「住居」部分は入居者から家賃や管理費、食費を集めて、食事の提供や光熱費に使います。一方、「介護」部分は介護サービスを提供して介護報酬を得ます。入居者を集めるために家賃を低価格、つまり「住居」の収支を赤字にして、「介護」で黒字を取り戻すのです。黒字を大きくするために、できるだけ要介護度が高い人を集めて限度額まで利用させます。限度額まで利用させるために、不要なサービスを受けさせることは大きな問題です。

要介護度の高い人のほうが都合がいいのは、例えば要介護2の人が介護サービスを全額分利用すると約19万円なのに対し、要介護5だと約36万円まで上がる仕組みのためです。

高齢者住宅には、部屋の床面積や廊下幅、共有部分の面積など建物の基準があります。利益を第一に考えるならば、この最低基準をぎりぎり満たした建物を建設し、家賃や食費、管理費を安くして入居者を集めようとします。しかも要介護度の高い人で占めるようにし、介護保険で家賃などの赤字を補填しようと考えます。食事もコストととらえ、とにかく安い給食委託業者を探そうとするかもしれません。高齢者住宅事業をマネタイズするために、介護保険施設のようになっているケースが多いのが現状です。

このような高齢者住宅では、入居者は「収容されている」「入れられた」と感じ、豊かな暮らしとはほど遠くなってしまいます。その結果、高齢者住宅全体のイメージが悪化してしまいます。非常に悪い傾向です。

また、事業者によっては、契約で示された家賃や管理費、食費の合計額よりも、入居したあとに実際に支払う料金が大きく膨れ上がる場合もあるので注意が必要です。当初、表示されていた料金が私たちの高齢者住宅より安かったものの、実際にはかなり高額になったため、私たちの高齢者住宅に移って負担が軽くなったという人もいます。

大都市圏で進む高齢者住宅事業

現在の日本の高齢者住宅は、大都市と地方でまったく様相が異なります。大都市には低価格帯から超高級物件まで幅広い種類の高齢者住宅があり、介護付き有料老人ホームの開発とともに特に富裕層の自立高齢者を対象とした住宅の開発が今も活発です。しかし、それ以外の地方都市や大都市近郊の街では新規開発が先細りとなっています。見た目が質素な割に家賃が高く、積極的に快適さを提供し対価として利益を得ようというよりも、介護保険の範囲で採算の帳尻を合わせているようなところが多いと感じます。

そのような違いが生じた大きな要因として、大都市には富裕層が存在し、一時金や家賃を非常に高く設定した高齢者住宅のビジネスモデルが成り立つことが挙げられます。一時金が数千万円、家賃が月数十万円でも需要があります。

しかも、介護人材が不足している今の日本では、介護事業にはリスクが伴います。建物は建てられてもスタッフを集められずにオープンできなかったり、事業を維持できなかったりというリスクです。しかし、大都市部では、高齢者住宅の「住居」事業と「介護」事業のうち、「住居」部分の不動産賃貸業で黒字にできるため、「介護」で無理に利益を出す必要がありません。むしろ、要介護度が軽い人のほうが入居が安定します。

　このような背景があるため、大都市の高齢者住宅は二つに分かれる傾向があります。一つは、元気な人ばかり集めて介護が必要となったらなんらかの形で退去を促すところで、もう一つが、介護が必要になってから入るところです。大都市では、元気な人から要介護度が高い人まですべてに対応できる高齢者住宅は非常に少ないという状況です。

　これをビジネスチャンスととらえて、首都圏、特に東京23区では住居と介護の両方を兼ね備えた高齢者住宅事業に大手の不動産会社やデベロッパーがどんどん参入しています。片方だけにしたほうが業者としては収益を出しやすいとはいえ、消費者の側に立てば、やはり要介護になったら別の施設を探して移るというのは負担です。今後を見据えればそこにニーズが生まれることは間違いありません。大企業は経営に余裕があるため、目先のことではなく２０４０年に向けた経営戦略が練られているのだと思います。

　このように大きな規模で高齢者住宅事業を展開している大企業の多くは、介護職員や看護師にたくさんの給料を出しています。これからさらに労働力人口が減少し、人手不足が深刻化すると、人を集められるかどうかが非常に重要な要素になります。中小企業は大手に太刀打ちできなくなり、高齢者住宅事業は寡占化が進む可能性があります。

そのような状況になったときに、今のままでは大都市と地方の格差は広がり続け、地方は置き去りにされてしまいます。

地方で行き詰まった高齢者住宅事業

地方の高齢者住宅事業は大都市とは異なり、新たな建設が少なく停滞しています。この理由は、「利益が出ず、経営していけない」というレッテルが貼られたためだと考えています。

まず、いわゆる富裕層は数の面で大都市圏に偏っているため、地方では一時金や家賃を高く設定すると、入居する人がいなくなってしまいます。このため低価格帯に集中するのですが、家賃収入だけでは収支がプラスマイナスゼロ、あるいは赤字になってしまうため、介護事業で補う必要が生じます。その結果、地方の高齢者住宅の多くは元気な人が入居できないようになってしまいました。これは現行制度が抱える問題であり、制度を悪用したのが「囲い込み」です。

また、経営環境も悪化しています。これには看護・介護人材不足、人件費の高騰、建築費の高騰、制度上の運営の難しさ、同一建物集中減算などを含めた実質的な介護報酬のマイナス改定などの要因が多数挙げられます。高齢者住宅を建てるために莫大な初期投資が必要となり、無事に建てられたとしても介護職員や看護師を確保できなければ事業をスタートできません。

日本には2023年1月末現在、サービス付き高齢者向け住宅は約8000棟、約28万室あり、1棟あたり平均35室です。以前は平均30室程度でしたから増加の傾向にあるとはいえ、平均35室では事業規模が小さくて経営が成り立ちにくくなっています。このため私たちは1棟50室以上を基準にしています。1棟30室の高齢者住宅を運営する業者は、資金が足りないからそうせざるを得ないのです。一定以上の事業規模が必要なのに、手を出せません。

さらに、介護保険制度が厳しい制度になっていったことも背景にあります。高齢者住宅事業の業界で囲い込みが起きた結果、これを防ぐために介護保険制度が改正されていきました。

例えば、２０２１年10月から始まったケアプラン検証の仕組みでは、区分支給限度基準額の利用割合が7割以上で、そのうち訪問介護が6割以上となっている居宅介護支援事業所を抽出し、ケアプランの点検・検証をします。介護給付適正化事業の一環です。また、市町村がケアプランの点検システムを作ったら助成金が得られるという仕組みもできています。

しかし、これが特別養護老人ホームだった場合、高齢者住宅で介護サービスを利用する場合に比べて多額の介護保険が使われます。不必要な介護サービスでない限り、利用が認められている介護サービスは使ってもいいはずです。

大都市では医療や介護に弱い高齢者住宅が増え、地方では収益を介護に依存した高齢者住宅が多い傾向にあると思います。

介護施設の代替となっている高齢者住宅

私が現在の高齢者住宅で問題だと思うことの一つに、介護施設の代替のようになっている状況があります。介護保険施設である特別養護老人ホームは社会福祉法人や地方自治体が運営する公的施設で、要介護度3以上の高齢者が入ります。このため費用は低く抑えられ、サービスは介護が中心です。多数の高齢者住宅を展開している私には、お年寄りの豊かな暮らしを目指しているようには見えません。そして、多くの高齢者住宅が特別養護老人ホームの代替施設となり、入居者の介護にばかり目が行って「人生１００年時代の豊かな暮らし」がないがしろにされているように思うのです。

特別養護老人ホームの空きが少なく、入居を待つ「待機高齢者」が非常に多いということも問題になっています。２０１５年10月に発足した第3次安倍晋三改造内閣は「一億総活躍社会」を目指すと宣言し、実現するための三本の矢の一つに「介護離職ゼロ」を掲げました。そして、「２０２０年初頭までに介護の受け皿を50万人分以上へ拡大するため、介護施設等の整備を継続実施する」としました。この時点で、特別養護老人ホームに入所できない待機高齢者は約52万人とされていました。

この結果、特別養護老人ホームの拡充にばかり目が向いてしまいました。たくさんの待機高齢者をターゲットに高齢者住宅事業に参入した事業者は、どうしても低価格帯に設定して介護で利益を得ようとします。高齢者の住まいは多様であるべきなのに、日本の高齢者住宅は「介護施設」になってしまっています。

「新・高齢者住宅」とは

私は今、自分の目指す事業の形を「新・高齢者住宅」と名付けて構想を進めています。２００３年に創業してから現在まで、有料老人ホームやサービス付き高齢者向け住宅を計36棟建設するなかで築き上げた考え方です。

現在の日本では、自分の老親が高齢者施設や高齢者住宅で暮らすことになった場合、ほとんどの人が「申し訳ないことをした」と思ってしまいます。親族など周囲の人から「施設に入れるなんて」ととがめられることもあります。老親自身も「入るしかないのか」と消極的に受け入れ、生活の質が下がるのは仕方がないことだと諦めてしまいます。残念ながら、「施設は喜んで行くところではない」というのが今の世間一般のイメージです。

しかし、私は、高齢者住宅を変革し、世間のイメージも変えて、入居させることは子どもにとって「親孝行」であるという常識を定着させたいのです。

特に地方は高齢者が住みにくい街になっています。車がないと満足に買い物はできないし、住居の中も決して「安全」とはいえません。社会情勢からしても、高齢者が若いときのまま同じところに住み続けるのは無理があります。

それならば、高齢者にとって生活しやすい地域にあり、スタッフの目が行き届いた「新・高齢者住宅」に住んでもらうほうがずっといいはずです。実際に、この構想のもとで展開している高齢者住宅を見学した人たちからは、従来のイメージと違うものだと好評を得ることができており、手ごたえを感じています。

①洗練されたデザイン

第一に、建物や共有施設の外観や内装の質感、機能にこだわっています。洗練されたデザインになるよう心がけ、高級感が感じられるようにしています。都市部の富裕層向け高齢者住宅は別にして、地方で同じコンセプトの高齢者住宅はめったにありません。そもそも、高齢者住宅は賃貸住宅です。不動産としての価値を重視しています。

私たちは今後、世の中の人たちに、高齢者住宅に対する理解を深めてもらわなくてはなりません。そういった意味でも、建物や内装が「いかにも施設」というものではなく、洗練されたデザインであることは非常に重要です。従来の高齢者住宅や介護保険施設のイメージを払拭するような、街並みに溶け込んでいるデザインにしています。

もし、それまで住んでいた住居よりもきれいではない施設や高齢者住宅への入居を勧められたら、自分は大切にされていないという思いをもってしまいかねません。逆に、高級感あふれる高齢者住宅だったら、自分のことを思って勧めてくれているのだと感じます。このときの感情は、その後の生活に大きく影響します。

親を高齢者住宅に入居させる子どもの気持ちとしても、きれいでないところだったら気が引けて、親不孝をしているような罪悪感をもってしまいます。私たちとしては、入居者はもちろんですが、入居させようとしている家族の気持ちも大事にしなければいけません。誰もが住みたがるような高価格帯の分譲マンションと同じように、高齢者住宅も「暮らしたい」「ここで親に暮らしてほしい」と思えるものを提示して、ここに入居することや入居させることに、満足と誇りを感じてもらいたいのです。

家具、食器などの備品や雑貨も重要です。認知症のお年寄りで、「（他の）認知症の人と一緒にしないで。私はまだ元気」という人は多くいます。自分の要介護度が高くても、自分のことは棚に上げるものです。そのような人間の心理を考慮し、いかにも介護施設用の家具というものは使わないようにしています。介護用ですから決して安価な家具ではないのですが、安っぽい感じがするのは否めません。入居者がそれまで自宅で使っていた家具とは明らかに違います。非常に残念なことに、一時金が何千万円も必要だという大都市の非常にいい有料老人ホームでも、介護用の家具を置いているところがたくさんあります。

私たちは、高級な家具をきちんとコーディネートして置いています。見学に訪れた人から「なぜ、このような高い家具を置くのですか」とよく聞かれます。そのようなときは「要介護度が高くなっても、認知症になっても、普通のものに座りたいと考える人が多いためです」と答えています。

介護用の家具でないと不便だということもありません。私たちが使用する家具は特注で、車いすが入るようにテーブルの幕板を部分的に細くするなど目に見えない部分に工夫がしてあります。

お茶わんも陶器製にしています。他の高齢者住宅や施設では、軽くて壊れにくいプラスチック製を使うのが常識です。このため、私も最初は現場の介護職員が反対すると考えていました。ところが実際に使ってみると、質感も見た目も違うし、利用者にとても喜ばれました。その様子を見て、介護職員も感激してくれました。「こうしたかったんです」と言う介護職員もいたほどです。

人は、生活の質を落としたくはありません。どんな状況になっても「普通」がいいのです。「普通」を優先して少しくらい不便になっても、それは必ずしも悪いことではありません。人は皆、その人なりのプライドをもっています。私たち高齢者と接する立場の人間は、どんな状況であっても尊厳を傷つけてはなりません。

部屋は18平方メートルが基本ですが、1棟の2～3割は「夫婦部屋」として24平方メートルから30平方メートルの部屋を用意しています。必ずしも夫婦で入居する必要はなく、親子での入居も可能です。

夫婦部屋に1人で入る人もかなりいます。ホテルでいうと、ツインのシングルユースです。また、夫婦で別々の部屋に入る人もいます。これは、仲が悪いというよりも、要介護度が異なると生活のリズムが崩れることがあるためです。夜中に何回も巡回があっておむつを替える人が同じ部屋で寝ていると、元気な人だったらぐっすり眠れません。

私たちが建物の外観や内装の質感にこだわりはじめた理由は、公的な施設である特別養護老人ホームには価格面でかなわなかったためです。費用が高くても「入居したい」と思ってもらう必要がありました。事業を始めた当初、地方には高齢者住宅が少なく、浸透していませんでした。その状況で、人を引きつけるためにはそうすることが一番だと考えたのです。

その地域で最初の高齢者住宅が、その後の相場を決めるということも意識するようになりました。先発の業者が低価格の家賃の高齢者住宅を始めたら、後発は無理をしてでもその価格帯に合わせなくてはなりません。そうすると、質の悪い高齢者住宅ばかりになり、高齢者住宅事業がゆがんでしまいます。高齢者住宅の普及を願う私たちとしては、責任重大です。

②周辺施設が充実した好立地

私たちの高齢者住宅は、高齢者が便利に暮らせるように街中に建設されています。車がないと生活できないような不便な場所には建てません。今ある36棟すべてが好立地です。

一方、現在のほとんどの高齢者住宅や施設は、暮らすうえで不便な場所が多いのが実情です。よく「自然環境豊かな立地」「自然に触れて、心に安らぎを」といった宣伝文句を見かけますが、それは生活が不便だと言っているのと同じことです。用地取得のコストが抑えられる郊外に建設し、入居費用を安くして競争力を得ているわけです。自然の中で安らぎを得るのも結構ですが、高齢者が毎日過ごす場所だということをよく考える必要があります。

それに、郊外の寂しい場所に立地していると、「捨てられた」という気持ちは嫌でも強くなってしまいます。やはり、大事にしてもらえていると思える環境でないと、入居者に満足してもらえません。

私たちの高齢者住宅は街中に建っているため、周辺施設が充実しています。高齢者住宅によって環境は異なりますが、ショッピングセンターやコンビニエンスストア、書店、駅が近くにあると特に喜ばれます。なかには全国展開している人気のうどんチェーン店が目の前に建つ高齢者住宅もあります。家族がよく行くショッピングセンターの近くなので会いに行きやすい、というケースも耳にします。

私たちの事業は２００５年に鳥取県米子市で始まり、その地域に３棟建てた段階で島根県松江市に進出しました。そのときも街中の立地のいい場所に建設したため、地域の人に「なんでこんなところに高齢者住宅が」と驚かれました。米子市よりもホテルコスト（家賃・管理費・食費）を１万８０００円高く設定したのにもかかわらず、立地の良さが功を奏したようで、想像に反して米子市以上の人気で部屋が早く埋まり、松江市での事業も順調にスタートしました。

最初の頃は、周囲から「老人ホームが近くにできたら困る」と建設に反対する声が上がったこともありました。臭いがするとか、大きな声がするなどの思い込みがあったようです。既存の概念をひっくり返そうとしているのですから、このような事態も想定していました。この場合は丁寧に説明するしかありません。

私たちの「高齢者住宅は地域のためになる」という信念が通じたのか、完成後に「こんなにいいものだとは思わなかった」「この高級感だったら街並みにとってプラスですね」と感謝されました。私たちの考えを理解してもらうためには、実物を見てもらうのが一番です。その後、着実に事業を積み重ねるうちに、土地のオーナーが「一般の宅地にするよりも、高齢者住宅にしてほしい」と私たちを名指しで誘致するケースが目立っています。

運営する立場でも、街中にある高齢者住宅には職員が集まりやすいという利点があります。従来のように郊外に建てられていると、勤務する人も通勤がたいへんです。地方では日常的に車が利用されているとはいえ、やはり近いに越したことはありません。通勤時間も短縮できます。また、これからは高齢者も重要な働き手になるでしょうから、歩いて移動できる距離にあることが重要な条件になります。

ただ、事業を始めた当初から利便性を重視して立地にこだわっていたわけではありません。当初は「家庭で介護を続けることができなくなったので、高齢者住宅に入居させたい」というニーズが多いと考え、高齢者の住み慣れた地域で暮らしたいという切実な願いに応えようと街中に建設しました。孫が学校帰りに高齢者住宅に寄り、小遣いをもらったりジュースを買ってもらったりするイメージです。単なるイメージではなく、実際に通学する孫の姿が見られる高齢者住宅もあります。

中山間部で一人暮らしをしている老親を呼び寄せることになった人は中心市街地のマンションに住んでいて同居する広さがありませんでした。そのため、「マンション近くの高齢者住宅にしよう」というケースです。また、街中の分譲マンションを売って高齢者住宅に入る人もいます。この場合も、住み慣れた地域が好まれます。

しかし、時代は変わりました。現在では「一人暮らしができなくなった」という理由で入居するお年寄りが大半を占めています。ある高齢者住宅では50人中45人ほどが、一人暮らしをしていた人です。このことに気づいてから、利用者にとって生活の利便性が高い場所という意義づけをして、立地にこだわっています。

③充実した食事で豊かな暮らしを

高齢者に楽しく豊かに暮らしてもらうために食事を充実させ、運動や趣味活動の場を提供するなどさまざまな工夫を凝らしています。これを私たちは、ホスピタリティサービスやアクティビティサービスの充実と呼んで重視しています。

やはり、生きる基本は食事です。食事の時間になると、入居者は1階のメインのダイニングに下りてきます。ダイニングではカフェテリア方式を採用しているため、来た人から順に陶器に盛り付けた温かい食事を受け取って、好きな席で食事をとります。おいしい食事を出そうとすると費用がかかりますが、それを惜しんで安い食事を提供してしまえば入居者に満足してもらえず、評判も悪くなります。また、おいしく食事ができていると長生きにもつながります。

やはり、暮らしから食べる楽しみを奪ってはいけません。いくらきれいな建物で、サービスが良くても、食事の提供をおろそかにしたらすべてが台無しになってしまいます。

このように、食事についてメニューだけでなく場所や楽しみ方までこまやかに気を配っている高齢者住宅や介護保険施設は珍しいと思います。食堂の席が決まっていて、そこに食事が置いてあり、決められた時刻に一斉に食べるというやり方が多いようです。

実は私たちの高齢者住宅でも、創業からしばらくは食事の提供を完全に外部の業者に委託していました。ところが、「ご飯がおいしくない」という苦情が続きました。委託先の業者の質が特に悪かったわけではありません。業界の最大手で、いわば標準的な食事を出していたわけです。ただ、私たちの高齢者住宅は地域で比較的高い価格帯に位置づけられます。「これだけ支払っているのに、なんでご飯がおいしくないのか」と考えるのはもっともです。

食事にかける経費を不当に削っているということは断じてありませんが、それは経営側の視点です。自分がお金を払って利用しているという目線で改めて料理を評価してみると、確かに支払っている価格に見合ったものだとは感じられませんでした。また、提供のタイミングで料理が冷めてしまっているのもすぐに改善すべきだと気づきました。家庭だったら、ご飯の支度をする人は食べる家族のことを考えているため、そのようなことは起こりません。食べる人のことを考えられない業者であるならば委託料を上げたとしても根本的な改善はされないと思い、自社で解決することにしました。

私たちが選んだのは「クックチル」です。クックチルは食品加工技術の一つで、食品を加熱調理したあとに真空パックで急速冷却し、保存する方法です。毎日配達され、提供時に再加熱します。衛生的で味も良く、考え得る最も良い選択肢だと考えました。おかげで利用者からの不満の声は出なくなり、うまくいっています。

食事に重点を置いて紹介しましたが、このほかにもさまざまなサービスを有効に利用してもらおうと、困りごとなどをサポートするコンシェルジュを配置し、入居者の要望に対応しています。

私たちがホスピタリティサービスに力を入れるのは、豊かな暮らしを提供することで入居者が元気になる様子を近くで見ているためです。豊かに暮らし、さまざまな活動で刺激を受ければ、人は生き生きとし、長生きにもつながります。

④広い共用スペースで入居者同士のコミュニケーションを促す

一般的なサービス付き高齢者向け住宅は、入居者各自の部屋のほか、共有スペースとしてダイニングがあり、さらに玄関周りを少し膨らませてロビーにしているというのがほとんどです。大手の高価格帯の高齢者住宅でも基本的な構成は変わりません。

これに対して、私たちの高齢者住宅は共同利用部分を広くとり、ラウンジやアクティビティルームといったさまざまなコミュニケーションの場を意識的に設けています。

制度上、サービス付き高齢者向け住宅の居住部分は1部屋につき床面積25平方メートル以上にしなければなりません。ただし例外規定があり、居間や食堂、台所などの共同利用部分が十分に広ければ、18平方メートルでも構わないのです。私たちは、部屋の広さを最低限の18平方メートルに抑え、その分、風呂や食事スペース、ラウンジなどの共同利用部分を広くしました。

これには理由があります。私たちの高齢者住宅には、独居の高齢者が多く入居してきます。入居の動機は人それぞれですが、いろいろな人とコミュニケーションをとり、社会とのつながりをもつためという人はたくさんいます。それならば、個々の部屋は最低限の広さに抑え、その分を共有施設に活用するのがいいと考えたのです。もしも食事をする場しか共有施設がなかったら、一人暮らしをしているのとほとんど変わりません。このため、ライブラリーや運動のできるスペースなどを設け、生活に彩りを与えるさまざまな工夫をしています。

まず、浴室は共同です。自分の部屋に浴室がないと嫌だという人もいるとは思いますが、私たちは浴室を共同にし、その分、部屋を広く使えるようにしました。浴室付きの部屋にする場合は広さを25平方メートル以上にしなければなりませんが、浴室付きの25平方メートルは部屋も浴室も本当に狭くなってしまいます。部屋にはトイレと洗面と収納があればいいという考えです。

メインダイニングでは、できたての温かい食事を提供しています。

アクティビティルームでは、映画や動画、カラオケなどが楽しめます。健康増進のためのフィットネスやリズム体操、ヨガ講座などを実施しているため、楽しみながら毎日体を鍛えられます。フィットネスバイクやランニングマシンを定期的に利用している人もいます。やはり健康維持への関心が強いようで、運動はかなり人気があります。

ラウンジは無料ラウンジと有料ラウンジがあり、どちらも飲み物や軽食を楽しみながら入居者同士で会話をし、家族と団らんの時間を楽しむことができる憩いの場です。４０００円のフリードリンクチケットを販売し、１カ月間飲み放題としているところもあります。メインダイニングでの食事をキャンセルし、ラウンジで軽食をとるという利用もできます。昼ご飯を食べたあと、物足りなかったと言ってラーメンを食べる元気な人もいます。

ライブラリーには新聞や雑誌、書籍が置いてあり、読書や趣味のくつろぎ空間として利用できます。高齢者には新聞を読むことを毎日の習慣にしている人も多いと思います。自分で新聞を購読している人もいますが、私たちは共有スペースに読みに来てくださいと呼び掛けています。他の人がいる環境の中で新聞を読み、他者とのコミュニケーションの機会があったほうが、さまざまな良い効果があります。書籍の寄付も集まっており、蔵書がどんどん充実してきています。本をきっかけに交流が深まるというのも、人生を豊かにしてくれます。

⑤生涯にわたって学び続ける環境を提供する「カルチャーコミュニティ」

人生100年時代といわれるなかで、生涯にわたって学びを続けていくことができれば、それぞれの人にとって生きていくうえでの選択肢が広がります。私たちは高齢者にいつまでも学び続けてもらえるスペースとして、カルチャーコミュニティを各地の高齢者住宅に併設して展開しています。そうした場で生涯できる限り学び続けることを通じて新たな発見や出会いが広がり、生きる希望を感じる機会も増えていくことにつなげてほしいと私たちは願っています。

それぞれのカルチャーコミュニティにはパソコンが4〜6台置いてあります。

パソコン教室では、基礎的な操作方法からワードやエクセルといった主要ソフトの使い方、インターネットなどの解説をしています。ほかに講座としては歴史や数学、漢字検定、英会話からものづくり、栄養や料理などの教室があります。

認知症の予防に効果があるとされている脳トレの講座もあり、瞬間記憶や判断力、認識力、動体視力などをさまざまな教材を使いながらチェックできます。ほかに、旅行している気分が味わえる動画のプログラムも利用できます。デジタルカメラで撮影した写真を編集してアルバムをつくっていく講座は人気があります。

ものづくり教室ではレザークラフトなどの講座も開いています。ハーバリウムといって、瓶に花を入れ、カラフルな液体で満たしたインテリアアイテムの教室は参加者がわいわい集まって、皆とても楽しそうです。栄養講座や料理教室では、栄養やカロリーを考えた食事メニューや食欲が湧かないときでも食べやすい調理レシピを考えたり、実際に料理づくりをしたりします。

⑥若者に人気のｅスポーツで脳の働きを活性化しながら、世代交流を深める

若者を中心に人気のｅスポーツについても私たちは独自に大会を開くなど、積極的に導入を進めています。

近年、ｅスポーツが脳の活性化や認知症予防に効果があることを示す論文が多数報告されています。例えば日本アクティビティ協会が慶應義塾大学と公立諏訪東京理科大学

とともに取り組んだ実験では、平均77歳の高齢者25人に週1回1時間の運動と運転ゲームを実施した結果、前頭葉機能に有意な変化と認知機能全般に変化がみられたと報告されています。

ゲーム「太鼓の達人」を使って楽曲のリズムにあわせてバチを持って太鼓をたたくテストに、約2カ月にわたって平均79歳の女性19人に取り組んでもらった結果、多くの人に注意機能の向上がみられ、タスク終了までの平均所要時間が当初との比較で81・4〜83・5％程度に減りました。

慶應義塾大学環境情報学部の加藤貴昭教授は「eスポーツがもたらす知覚・認知の側面」と題する論文で実験結果を紹介し「ゲーム利用によって知覚や認知に影響を与える可能性が示唆された」と評価しています。論文によれば世界でも平均年齢70歳を超えるプレーヤーが参加するシニアのeスポーツ大会なども開催され、スウェーデンでは高齢者のチームにスポンサーもついて、文字どおりプロ選手として活躍している実例もあり、加藤教授はさらなる高齢化に向かうなかでこのような例は今後も増えていくと予想し、「eスポーツの新たな可能性が期待される」と述べています。

高齢者施設ではこれまで多くのレクリエーションを提供してきました。しかし、いつも似たような内容のプログラムばかりでマンネリ化してしまいがちで、参加人数が低迷する傾向もあります。そういったなかでｅスポーツを導入して参加者を募ってみると、とりわけこれまで低迷しがちだった男性の参加率が向上してきているそうです。ｅスポーツは体への負担は少なく、しかも楽しいし、周囲の人たちと会話する機会が増えたと喜んでいる参加者も多いそうです。

私たちは、参加者がコンピューターゲームで対戦するｅスポーツ大会を開き、高校生に来てもらうなど若い世代と交流する機会を提供しています。幅広い世代と交流することが、高齢者にとって大きな刺激になります。そのうち一つの高齢者住宅では月に１回ｅスポーツ大会を開いていて、地元店舗の協力によって玄関ホールでさまざまな物を販売してもらうようになり、にぎわいづくりに一役買ってもらっています。今後も高齢者たちと若者をはじめとした幅広い年代層がｅスポーツをともに楽しむことによって気軽に交流できる場を広げていきたいと考えています。

⑦地域に開かれた往来自由なコミュニティスペースで交流を深める

入居者同士のコミュニケーションだけでなく、より広く社会とのつながりを保ってもらおうと、地域に開かれた高齢者住宅を実践しています。1階の玄関やフロント周り、ラウンジ、カルチャーコミュニティ、アクティビティルームといった共有施設はすべて、入居者でなくても外部から自由に出入りして使ってもらえるようになっています。フィットネスやものづくり教室などにも誰でも会費制で参加できる仕組みを整えました。飲食店を併設している高齢者住宅では、内部の出入り口と、外部から入れる出入り口を設け、分け隔てなく利用してもらっています。飲食店の種類としては、ごはん処やカフェ、天ぷら屋などがあり、ある入居者は毎週土曜日に家族と一緒にごはん処を訪れ、エビフライを食べています。

大都市の富裕層向け高齢者住宅にもレストランなどを併設している例はありますが、外部からの利用は好まれないと聞いています。高額な一時金や家賃を支払って入居しているのだから、既得権として外部からは来てほしくないという感情があるのです。

私たちの高齢者住宅は考え方が違います。むしろ、地域の人にどんどん来てほしい。そして地域に開かれているだけでなく、入居者に積極的に社会とつながってほしいと思うからです。そうなることで、入居する高齢者にとっては良い刺激が得られますし、地域の人にとっては日頃から高齢者住宅を見学してもらえることになり、理解の助けにもなります。ラウンジにエスプレッソマシンを設置し、無料で利用できるようにしている高齢者住宅もあって、ある入居者の家族はコーヒーを飲み、両親には会わずに帰ることがあります。私たちは、それでもいいと思っています。

入居する高齢者に社会に出てもらうという意味で、日帰り旅行やデパートに買い物に行くなどの企画も立てます。なにがしたいかアンケートで希望を聞き取ると、やはり旅行が多いです。そこで、温泉に1泊旅行を催行したこともあります。介護職員も一緒に泊まる必要がありたいへんではありますが可能な範囲で取り組んでいく方針です。

どれだけ地域に開いた高齢者住宅にできるかというのは地域柄も関係します。田舎のほうでは友達つながりで入居希望者が次々に集まるかと思えば、少し町のほうになるとそういうことがまったく起こらなかったりします。開かれたコミュニティとして地域の人に使ってもらおうと努力していますが、難しい面もあります。

地域に住む高齢者の社会とのつながりについては、私たちなりに考え、取り組みを続けています。そのなかで見つけた興味深い話として、社会とのつながりがあると認知症になりにくいという調査結果があります。国立長寿医療研究センターが65歳以上の高齢者約１万４０００人を対象に約10年間調べたところ、「配偶者がいる」「同居家族と支援のやりとりがある」「友人との交流がある」「地域のグループ活動に参加している」「なんらかの就労をしている」の五つのつながりがある人は、一つもないか一つだけの人と比べて認知症を発症するリスクが46％低かったそうです。

つまり、社会と単独でつながっているよりも、多様な関わりがあるほうが認知症予防に有効だということです。入居者同士のコミュニケーションに加えて、地域の人とのつながり、社会とのつながりが多いほうが豊かな暮らしが続けられます。

私たちは、高齢者たちにできたら友達を作ってもらいたい、友達はいたほうがいい、という思いで共有スペースを整備しています。私たちの狙いはある程度成功していて、たいていの人は入居後すぐに友達ができているとのことです。

こうした取り組みを続けていくなかで、私たちは介護を受ける高齢者の側は果たしてなにを求めているのかについても、普段からよく理解していかなければいけないと考えています。

それぞれの高齢者が望んでいることとは、特別なことではなく、今まで営んできたこと、やってきたことをこれからもずっとできる、普通の生活を維持していくことであり、自分でやってきたことをできる限りやり続けたい、という意識が強いと、介護福祉を専攻する学者が指摘しています。高齢者が日々の営みを通して、なにがしかの生きがいを感じることができる生活を過ごしていけるかどうかが大切だと私たちも考えます。

そうした一人ひとりの高齢者たちの願いに応えられるように、私たちは、eスポーツ大会を通した世代間交流や私たち独自のカルチャーコミュニティでの生涯学習をはじめとした、できる限りたくさんのメニューを用意して、高齢者みんなが安心して、じっくりと受けることができるサービスの提供を目指していきます。

⑧地域医療との連携で医療依存度の高い人も入居できる

お年寄りの多くは自分の健康に不安を抱えています。いくら人生１００年時代といっても、寿命が延びた分を寝たきりで過ごしていたら意味がありません。また、せっかく入居してもらっているのに、病院で最期を迎えるということも避けたいと考えています。このため、要介護にならないようにするための予防が実現できる運営をして健康寿命の伸長を目指しています。今後、日本は高齢者の割合がさらに増え、死者数が急増し、多死社会と呼ばれる状況に突入します。多死社会では、高齢者住宅での看取りが重要性を増します。地域包括ケアの中で、高齢者住宅が重要な役割を果たさなくてはなりません。

政府がいう地域包括ケアは、あくまでも家を中心にさまざまな医療サービスや介護サービスを活用し、看取りまで高齢者を包括的に支援しようという考え方ですが、果たしてこれだけ独居が増える社会を想定していたのか疑問です。独居の場合、地域支援があっても看取りまでカバーするのは非常に難しいに違いありません。そのため、地域包括ケアの体制の中で高齢者住宅はさらに重要な位置を占めるようになると思うのです。

私たちは訪問看護事業所と訪問介護事業所を基本的に併設しています。他の高齢者住宅では通所介護（デイサービス）事業所を併設しているところもありますが、私たちの高齢者住宅には必要がないため併設していません。通所介護は自宅に引きこもりきりの人の孤立感の解消や心身機能の維持、家族の介護の負担軽減などを目的として実施されるサービスです。私たちの高齢者住宅では、通所介護で行うようなサービスは併設の訪問介護ステーションや共有施設のカルチャースクールなどで提供しています。

訪問看護事業所を併設しているサービス付き高齢者向け住宅はまれです。私たちにとって訪問看護事業所は収入の柱の一つのため、他の事業者はなぜ併設しないのだろうかとも思いますが、それは看護師の確保が難しいためです。介護人材と同様に、看護師も人手不足に陥っています。私たちは1棟50室以上という規模にすることによって訪問看護事業の効率化を図り、看護師の確保や経営の持続を成功させています。

医療については、地域で在宅医療をしている医療機関と連携し、訪問診療をしてもらっています。重要なのは、緊急時に往診してもらえる医師かどうか、看取りまでしてもらえるかどうかです。ずっと往診に来てもらっていても、最後の最後で病院を紹介されたらそれほど嫌なことはありません。家族や本人は多くの場合、住んでいる場所で最期を迎えたいと願うものです。病院ではなくきれいな高齢者住宅がいいという人もいます。スタッフにとっても、最期まで看取りたいという思いがあります。

逆に、入居者が最期を迎えようというとき、家族が親族から、なぜ最後に入院させなかったのかと責められることがあります。周囲から見れば、長く生きる可能性があったのにそうしなかった家族を責めたくなるのは分かります。しかし、高齢者住宅での暮らしをよく知っている家族は高齢者本人のためを思ってこのまま見送るのが一番だと決めたのです。よく知らない親族からすると「介護施設」のイメージが強いため、ここで最期を見送ることは適切ではないと感じるのだと思います。こういう事例に接するたびに、高齢者住宅のイメージを変えなければならないという思いを強くします。

高齢者住宅がホスピスの機能を果たすこともあります。新型コロナウイルス感染症が流行した最初の頃に、医師に余命1カ月と判断されて入居したお年寄りもいます。最期は家族で見送りたいのに、病院に入院してしまったら面会ができなくなってしまうという理由でした。

高齢者住宅の一例

新・高齢者住宅の一つの例に、夫婦部屋12戸を含む53戸からなる、鳥取県境港市のサービス付き高齢者向け住宅があります。併設事業所として、訪問看護ステーションと訪問介護ステーションを備え、併設施設として飲食店（定食屋）とシニア向けカルチャースクールもあります。

介護が必要な高齢者の場合は、介護サービス費の自己負担分を支払う必要があります。平均要介護度は1・8で、看取りまで対応します。

立地は、境港市内の駅の近くの幹線道路沿いです。共用スペースの有料ラウンジではオムライス、ラーメンなどの軽食が食べられます。このほか、ライブラリーやメインダイニング、アクティビティルームがあります。

豊かに暮らしてもらうのがコンセプトのため、ダイニングはオープンキッチンにしてあり、入居者が訪れてから陶器の器に盛り付け、温かい食事を楽しんでもらっています。
最新の松江市の高齢者住宅は、訪問看護ステーションと訪問介護ステーション、定食屋とカフェ、シニア向けカルチャーコミュニティを併設していて、入居者は、メインのダイニングとラウンジ、定食屋、カフェの４カ所の食事を選べることになります。

私たちはこのような高齢者住宅を、決して富裕層向けではなく、普通の人が入れる住まいとして数多く普及させようとしています。

豊かさにつながる多様性

新・高齢者住宅の根底にはいくつもの考え方があり、その一つが多様性の重視です。もちろん、高齢者住宅は高齢者が集まって住む住宅です。しかし、私たちの高齢者住宅では、自立できるお年寄りから看取りの近いお年寄りまでさまざまな人が入居するようにしています。地域にオープンにしているのも同じ考え方で、身近にいろいろな人がいる「普通」の状態を保ちたいのです。

人生には刺激が必要です。いつも同じ人とばかり顔を合わせていたら、単調な日々の繰り返しになってしまいます。私たちの高齢者住宅は、共有施設でさまざまな体験をし、内部や外部のさまざまな人と出会えるようになっています。外に出れば雑多な街並みが広がり、さまざまな刺激が受けられます。郊外の自然に囲まれた施設では、こうはいきません。

私たちの高齢者住宅には、ごはん処が併設されているところがいくつかあります。ある女性の入居者がメインダイニングでの食事をキャンセルし、そこで食事をしました。そのとき、普段とは違う服装でおしゃれをし、化粧をしていたそうです。こういった暮らしこそが、豊かな暮らしといえるものだと思います。

豊かに暮らしてもらうのが一番

私たちが食事にこだわり、新聞や書籍が読めるライブラリーやカルチャーコミュニティを設けるのは、豊かに暮らしてほしいという願いをもっているためです。

スマートエイジングという言葉があります。これは少子化・超高齢社会における新しい概念で、東北大学が２００６年から提唱しています。その定義は「エイジングによる経年変化に賢く対処し、個人・社会が知的に成熟すること」です。高齢期を「知的に成熟する人生の発展期」として積極的に受容する考え方で、高齢者を社会的弱者とみなす従来の考え方からのパラダイムシフトであると説明されますが、この考えにはとても共感しています。人は年を取っても、いつまでも知的に成長し続けるものです。そのためにも、ライブラリーやカルチャーコミュニティが必要なのです。

「新・高齢者住宅」は高齢者を元気にする

私たちの高齢者住宅では、入居したあとに家族がびっくりするほど元気になる人がいます。理由はいろいろとあるのでしょうが、①話し相手がいなかった状況が改善された②刺激のある日々を送れるようになった③着替えや入浴、食事など生活のリズムが整った――などの要因が考えられます。

比較的要介護度が低い人が入居していることも影響しているはずです。私たちの高齢者住宅の平均要介護度は高くても3ぐらいで、1ぐらいのところもあります。そのため、豊富な共有施設で長い時間過ごされる方も多く、入居者同士がコミュニケーションをとりあえる環境が大きいと思います。

私たちの高齢者住宅に入居していれば健康寿命が伸長する、新・高齢者住宅はこのような住宅にしたいと考えています。

「新・高齢者住宅」の評判
～従来の高齢者住宅のイメージの払拭を

高齢者住宅に対する悪いイメージは根強く残っています。しかし、私たちが実践している新・高齢者住宅を見学すると、嫌々連れてこられたような人でも「ここだったら入ってもいい」とコロッと変わる場合が多くあります。一方で、かたくなに入居を拒む人も確実にいます。経済的に困っているわけでもなく、家族が「ここに入ってくれたら安心」「私たちも1週間に1度、東京から帰ってこなくてもいい」といくら説得しても、昔から住んでいる自宅がいいという人はいるのです。

私は、85歳で独居だったら全員が高齢者住宅に入るというライフスタイルを常識にしたいと考えています。そのためにも障害をできるだけ取り除き、ハードルを低くしなくてはなりません。ここに、新・高齢者住宅の取り組みの意味があるのです。自宅より見劣りがする建物や家具が障壁になっているケースがあるので、高級感のある建物や家具をそろえていますし、自由が制限されそうだと感じる人もいるので、地域に開かれて自由に行動できることをアピールしています。

妥当な価格で提供する必要もあります。私たちの高齢者住宅の家賃は、一般的な高齢者住宅の相場よりも高くなりますが、山陰で36棟を開設してきた経験から、入居希望者は確実に存在すると断言できます。それも富裕層ではなく、中産階級の人たちが申し込んでくれます。自宅を売りに出し、売れてから入居する人もたくさんいるのです。

私が自分たちの取り組みに自信をもっている大きな理由の一つに、地域のケアマネジャーやメディカルソーシャルワーカーから信頼されていることが挙げられます。私たちのことをよく見ていて、例えば病気のために一人暮らしが続けられない高齢者がいた場合に、私たちの高齢者住宅を紹介してくれます。自分の担当する高齢者が生き生きと生活している様子を目の当たりにしているからなのだと思っています。実際の効果を見てもらう以上に、有効な宣伝はありません。

移動したがらない人のためにも

高齢者住宅に対するイメージの良し悪し以前に、高齢者には転居に対して後ろ向きな傾向があります。無理やり移ってもらうわけにもいかず、こればかりはどうしようもありません。私たちにできるのは、高齢者住宅のイメージを変えて、少しでも転居に対するハードルを下げることしかありません。

実際に多いのが、大都市に住んでいる子どもが帰省をした際に、中山間部や郊外で一人暮らしをする老親の姿に衝撃を受け、高齢者住宅への転居を検討するケースです。思っていたよりもすごく年を取っているので心もとなく感じ、一緒に高齢者住宅に見学に訪れます。しかし、半分くらいは本人が「そのままがいい」と拒否をします。やはり住み慣れた土地から離れたくないという思いは強いようです。

ただ、一人暮らしをしている高齢者の中には、火の不始末を起こしそうだとか、食事をしっかり取らないなど、放ってはおけない人もいます。こうした場合、地元の行政職員も私たちの取り組みを分かってくれていて、私たちの高齢者住宅だったら気に入ってくれるかもしれないと勧めてくれることがあります。実際に見学に訪れ、それまでかたくなに拒んでいたのが、「ここだったら入るわ」と変わる例もあります。こうしたこともあって、きれいな建物や内装にし、共用施設を充実させて魅力ある高齢者住宅にしようと努めています。

事業者の視点から
～私たちの事業が成り立つ理由

どんなに新・高齢者住宅が入居者や地域の人にとって有益であっても、経営が持続可能でなければ意味がありません。途中で廃業することにでもなってしまったら入居している高齢者に大変な迷惑をかけますし、高齢者住宅に対するイメージを悪化させかねません。理想的な高齢者住宅を続けるためには、経営を成り立たせる必要があります。この点から、私たちはいくつかの経営のポイントを重視しています。

◇利便性の高い立地では家賃が高くなるが、それ以上に入居者の確保がしやすい

まず、「自然豊かな」立地を避け、利便性の高い街中に建設しているため、それだけ家賃が高くなります。しかし、そのデメリットを補って余りあるのが入居者の確保がしやすいというメリットです。

今、地方の高齢者住宅事業が伸び悩んでいるのは、多くの事業者が低価格帯経営で介護保険からの収入でカバーしようという発想をもち、その経営には無理があるからです。私たちは低価格帯経営からの脱却を図ることによって、介護保険施設との差別化に成功し、ホテルコストの収支がかえって改善しました。

一般に要介護度が低い高齢者が入居すると得られる介護報酬が少なくなりますが、要介護度が低い高齢者の入居を促進すると看取りや入院が少なくなり、むしろ稼働の安定につながります。さらに今後、大都市や中山間部、市内郊外からの移住の受け入れ先になるならば、利便性の高い立地で家賃が高くなることはカバーできると考えています。

◇一定の規模が必要

高齢者が豊かに暮らせるようにサービスを充実させ、効率的に運営するには一定以上の規模が必要です。私たちがライブラリーやラウンジ、アクティビティルームなどの整備ができるのも、そうできる規模にしているためです。

現在、サービス付き高齢者向け住宅は1棟あたり35室というのが平均的な姿です。しかし、この規模では効率的な運営は困難です。共有施設も充実できません。

かつては制度に甘い面があり、介護職の人件費が非常に安かった時代が何年も続いたため、小規模の高齢者住宅でも経営が可能でした。しかし現在では、要介護度の高い人に入居してもらって介護報酬をたくさん得るということができなくなってきています。

地方で高齢者住宅を手掛ける事業者が減った背景には、こうした事情があります。一方の大都市ではデベロッパー開発が進み、何千万円、何億円もする高価な高齢者住宅が活況です。高齢者の豊かな暮らしの実現を第一に考える、といった視点は置き去りにされています。

私たちの新・高齢者住宅を開設する場合、初期投資は高額になりますが、最低でも50

室以上の規模にし、夫婦部屋を2～3割用意して65人以上の最大入居人数を確保しています。このスケールメリットで生じた余裕を生かし、内部をきれいにしたり、共有施設を充実させたりしているのです。

◇訪問看護ステーションの併設で看取りまで行える体制

訪問看護ステーションを基本的に併設しているため、看取りまで行える体制が確保できています。訪問看護で医療保険での収入も得られ、介護保険での増収も図れています。また、入院する入居者を減らす目的からも、訪問看護による自社での看護サービスは重要です。

訪問看護ステーションを併設すると、看護師の確保など運営の難易度は上がりますが、経営面を考えると必要不可欠だというのが私たちのビジネスモデルです。

◇最少人数での運営

また、最少人数で運営しているため、労働生産性が向上し、賃金アップにつながっています。これからの日本は人口が減り続け、それに輪をかけて労働力人口も減少します。こうした状況では、介護業界に限らずどのような分野の業界でも、最少人数でいかに運営するかを考えなければなりません。

◇建物は所有

高齢者住宅は賃貸事業です。土地は購入しても借地でもどちらでも構いませんが、建物は自社で所有するようにしています。建物を金融機関などに売却したあとに借りて使用する「リースバック」という方法は資金が得られますが、利益が逃げていき、長期になればなるほど逃した利益は大きくなります。

◇幹線道路沿いの利便性の高い立地

長期で経営しないといけませんから、40年先であっても市街地であるような幹線道路沿いの利便性の良い立地を選びます。商業地であれば飲食店などの店舗を併設し、地域の利便性を高めます。人口減少社会での激変を見越す「目」が必要です。

◇暮らしたいと思えるデザインと経営しやすい規模

長期にわたる事業だからこそ、外観や内装の質感に費用を割き、暮らしたいと思わせるデザインにすることが重要です。特に、高齢者住宅がステータスとなるような外観や内装の質感にすべきです。一方、経営しやすい建物であることも大切です。経営効率や運営のしやすさ、スタッフ数、併設事業を考慮すると、建物は鉄骨で3~4階建て、部屋数は50~60がベストな規模です。

部屋は、今後の夫婦部屋の需要の増加や、広い部屋を希望する単身者を想定して、夫婦部屋の割合を2~3割にしています。

◇中価格帯の高齢者住宅として運営

私たちの高齢者住宅の入居費用は、中価格帯に位置します。低価格帯では理想の高齢者住宅は実現できません。しかも低価格帯にすることによって経営が苦しくなり、介護報酬でカバーすることになると、結局は職員の賃金アップにつながらず、良いことだとは思えません。やはり、高齢者にも相応の消費をしてもらう必要があります。

また、一部の富裕層向けの高価格帯の高齢者住宅は私たちの役割ではないと考えています。

高齢者住宅のドミナント化

ドミナント戦略は、ある地域内に集中的に出店し、そこでの一番を目指す経営手法で、私たちもこれを採用しています。

身近な例としては、セブンイレブンがあります。ときどき、セブンイレブンのすぐ近くに別のセブンイレブンがある、という状況を見かけることがあります。この戦略は、セブンイレブンが意図的に実施してきました。コンビニエンスストアやスーパーなどの小売店がドミナント戦略をとると、さまざまなメリットがあります。まず、多数出店している地域での宣伝効果は抜群です。さらに、商品をトラックで配送拠点から各店舗に輸送する場合、店舗が狭いエリア内にあれば効率化やコストダウンが図れます。また、ある店舗で人員や在庫が不足した場合でも、近くの店舗から移動させるなど柔軟な活用が可能になります。このほかにも、競合他社が参入しづらい、エリアマーケティングの最適化などのメリットが挙げられます。

このようなメリットは、高齢者住宅にも共通します。私たちは、鳥取、島根両県の中海・宍道湖圏域（人口約60万人）に重点的に高齢者住宅32棟を開設し、ドミナント展開しています。内訳は、鳥取県米子市（人口14万6000人）に10棟、同県境港市（人口3万3000人）に5棟、島根県松江市（人口19万8000人）に12棟、同県出雲市（人口17万4000人）に5棟です。ドミナント展開の枠組みには入れていませんが、鳥取県倉吉市に1棟、同県鳥取市に3棟あり、宣伝を一体的に行うなどのメリットは得られています。

このドミナント戦略は、ビジネスの世界で弱者が強者に勝つための戦略として有名です。私たちは介護事業では後発になるため、特別養護老人ホームなど強力な競争相手に勝つためにはこの戦略が必要でした。

私たちは最初の4棟を米子市の同一校区に開設し、次に境港市、松江市、出雲市の順にドミナント展開していきました。これを見て、複数の同業者が米子市のあとに松江市に、というように高齢者住宅を建設していきましたが、ドミナント化していなかったところは軒並み失敗しています。私たちも、各地域に1棟ずつ開設していたらつぶれていました。私たちの今があるのは、戦略を間違えなかったためです。

ドミナント展開の結果、広告や職員のやりくりなどで効果が見られます。特に、既存の高齢者住宅のイメージを変えようと考えている私たちにとって、新・高齢者住宅を知ってもらうためにもドミナント戦略は非常に有効です。どんなにいい高齢者住宅でも、一つだけぽつんと建っているだけだったらほとんど影響力がありません。

例えば島根県出雲市では国道9号線沿いに集中させました。国道を車で走っていると、きれいな高齢者住宅が目に入ります。さらに進むと、また似たような高齢者住宅があり、さらに走ると再び私たちの高齢者住宅が目にとまります。「時代が変わったな」と思ってもらうために、このような演出は必要ですし、多数を展開していると、安定した経営をしているという信頼感にもつながります。それぞれの高齢者住宅が、広告になっている形です。その地域では有名になっているので、建設中の建物を見て「またできるんだったら入居しようかな」と考える人もいました。その地域に住む人にとって、私たちの高齢者住宅が最大手となるのです。

テレビコマーシャルを出すにしても、山陰の島根県・鳥取県のテレビ局で放送すればいいので効率的です。1棟だけだとコマーシャルを作る余裕はありませんが、山陰2県に36棟を展開している今では、非常に安いコストで宣伝ができます。

さまざまな面で効果を実感しています。例えば、同じ地域に開設するので、需要と供給の関係を考えれば1棟目より2棟目のほうが入居希望者の集まりが悪くなると普通は思うのですが、実際には1棟目より2棟目のほうが早く埋まり、3棟目になるとさらに埋まりが良くなります。建設すればするほど知名度が上がるためです。

さらに、新型コロナウイルス感染症が流行し、職員の間ではやったときには、別の高齢者住宅の職員を移動させて対応しました。ドミナント戦略を採用していなかったら乗り切れたかどうか、と振り返って思います。運営する際の柔軟性がまったく違います。

入居者にもメリットはあります。例えば高齢者住宅内で人間関係のトラブルが生じてしまった場合に、本人の希望があればですが、近くにある別の高齢者住宅に引っ越すことも可能です。引っ越しのコストや生活圏の変化などの面で負担が抑えられるので、解決を図りやすいのです。私たちの高齢者住宅は家賃差をつけているので、どうしても払えなくなった場合にグループ内の高齢者住宅に移ることもできます。

第4章

「人生100年時代」に目指すべき地方のまちづくりとは？

高齢者住宅を中心とした〝コンパクトシティ〟という考え方

人生100年時代に目指すべき地方のまちづくりとは
～一極集中か、地方に分散するか

日本の将来の姿を考えるときに、このまま東京一極集中を進めるか、地方に分散したほうがいいのか、という議論になります。

もしも東京一極集中がいいのならば話は簡単です。都心に超高層ビルを建て、高齢者の住まいとしてお膳立てすれば、首都圏に高齢者は大勢住んでいますから入居者に困ることはありません。徒歩で生活でき、むしろ車を所有するほうがコストがかかる場所ですから、高齢者向きの立地だといえます。高齢者をサポートする介護人材は、地方から移り住んできた若者が担います。すると、東京一極集中がさらに進みます。ただし、地方はすぐに廃れます。東京だけが生き残るシナリオです。

東京一極集中にはたくさんの問題点があります。生活費の高騰や交通渋滞などの問題が生じるほか、災害時には被害が大きくなって日本全体が機能不全に陥り、感染症に対しては大流行のリスクを抱えます。地方の集落どころか都市も次々と消滅し、日本の農林水産業は壊滅しかねません。全国各地の伝統文化や歴史も失われ、多様性に乏しくなり、どこに行っても同じような、のっぺりとした国になってしまいます。

東京一極集中か地方分散かを考えるうえで興味深い研究成果として、京都大学こころの未来研究センターの広井良典教授らの取り組みが挙げられます。ＡＩ技術を活用し、持続可能な日本の未来にはどのような政策が必要かを提言したものです。

２０２１年2月の報道発表によると、「高齢人口」や「有効求人倍率」など３４７の社会指標から因果関係のモデルを構築し、２０２０年から２０５０年までの３０年間についてＡＩを用いたシミュレーションを行いました。得られた約2万通りの未来シナリオを大きく6つのグループに分類したところ、日本社会はまず２０２４年頃に「一極集中が加速し人口減少が進むグループ」と「地方分散が進み人口減少が改善するグループ」への分岐が発生するという結果が出ました。日本はここで、大きな分かれ道に遭遇します。しかも、一度どちらかの道に進んだら、もう別の道に移ることはできないという重大な分岐だというのです。

後者の「地方分散が進み人口減少が改善する」未来に進むためには、共働き世帯の増加やサテライトオフィスの充実、女性の給与改善などが重要であることが示されています。

うまくこちらに進めた場合、次の大きな分かれ道は２０２８年に訪れます。今度は「地方分散が徹底していく」か「東京と地方が共存する」か、です。研究グループは、集中と分散のバランスの観点から「東京と地方が共存する」未来が望ましいとして、農業を含む地方における次世代の担い手の維持・育成支援に関する政策や、元気な高齢者を増やして東京圏の活気と自立性を維持する（高齢者が活躍するまちづくり）政策が有効であるとしています。

「東京と地方が共存する」未来に向かう最後の分かれ道は、２０４０年頃までにやってきます。ここで道を間違えると、幸福度が低い「現状維持型シナリオ」や「小さな政府・格差拡大型シナリオ」に向かってしまう可能性があるといわれています。このため、２０４０年頃までに、多様な働き方を後押しする継続的な政策と、仕事と家庭の両立を意識した雇用支援政策を実行すべきであると提言しています。

また、広井教授らが２０１７年9月に発表した関連研究の報道発表によると、「都市集中シナリオ」は、「主に都市の企業が主導する技術革新によって、人口の都市への一極集中が進行し、地方は衰退する。出生率の低下と格差の拡大がさらに進行し、個人の健康寿命や幸福感は低下する一方で、政府支出の都市への集中によって政府の財政は持ち直す」としています。

一方、「地方分散シナリオ」は、「地方へ人口分散が起こり、出生率が持ち直して格差が縮小し、個人の健康寿命や幸福感も増大する。ただし、地方分散シナリオは政府の財政あるいは環境（二酸化炭素排出量など）を悪化させる可能性を含むため、このシナリオを持続可能なものとするには、細心の注意が必要となる」とのことです。

ＡＩが出した結果ではあるものの、都市集中と地方分散の違いについてはそのとおりなのだと思います。やはり、地方分散のほうが日本人は幸せに暮らせるのです。

最初の大きな分岐点が起こる２０２４年まで、もう間がありません。私たちの今の行動が、２０年後、３０年後の未来を大きく左右します。

ドイツの分散型社会

広井教授は別の論文で、ドイツの「分散型」社会に触れています。私も以前からドイツなどヨーロッパのまちづくりには関心がありました。

広井教授によると、ドイツは人口規模の大きいベルリンやハンブルクのような大都市も存在しますが、全体として中小規模の都市や町村が広く散らばった空間構造となっています。一極集中ではなく、たくさんの「極」に人が集まった「多極集中」です。この多極集中のドイツは、今回の新型コロナウイルス感染症のパンデミックで強みを発揮しました。人口の集中度が高いニューヨークやパリ、ロンドンなどの大都市圏では「3密」が常態化し、感染症の拡大が容易に生じた一方、「ドイツにおいて死者数が相対的に少ない点は注目すべき事実」と指摘しています。そして、日本もドイツのような多極集中と呼べる国土構造に転換していくことが重要であると述べています。

高齢者の動きが日本の未来を決める

２０４０年の人口推計を見ると、首都圏は人口がほとんど変わらない一方で、地方は人口が減少し、中山間部は存続が危ぶまれる状況が浮かび上がります。若者がやりたい仕事や高収入を求めて首都圏に移動するため、東京一極集中が進むのです。むしろ、新型コロナウイルス感染症の流行で出産を控える動きが出たように、少子化を加速させる出来事がさらに起こる可能性もあります。

ただ、人口推計は日本全体や地域ブロックで見た場合はかなり正確である一方、内部の人の流れまでは正確に推計できていません。取り組み次第で、東京一極集中を食い止め、地方都市の衰退を抑えることは十分に可能です。未来は変えることができます。

そして、最大勢力となる高齢者の動きが日本の未来の姿を変えるのだと私は思っています。高齢者がどう動くかによって、介護を担う若者たちの動きが変わり、日本の人口分布が決まります。人口が東京に集まるのか、地方に分散するのか。地方の中でも都市部に行くのか、中山間部に残るのか。高齢者の動き次第、ということは高齢者住宅の整備の考え方次第です。

私は、地方の市街地に高齢者住宅を建てて、そこに高齢者が集まって住むことが日本にとってのベストだと考えます。高齢者住宅を起点として地方への人の動きを促し、コンパクトシティを作っていくしかないと考えています。

コンパクトシティとは

コンパクトシティとは、住まいと生活機能が近接している効率的な街を指します。もともとヨーロッパで生まれた考え方で、地球環境問題を背景に議論されてきました。都市がどんどん郊外に広がると、そこにあった自然や農地をつぶしてしまううえ、移動手段として車を多用することによって資源の枯渇や二酸化炭素の排出につながります。車をできるだけ使わないようにするためにも、郊外化させずに住民が集まって密度の高い都市にして、徒歩や自転車で移動できる範囲に買い物や通勤、通院など生活に必要な機能があるのがいいという考え方です。

ただ、日本は今後さらに少子高齢化が進み、労働力人口も減少して経済が縮んでいきます。こうした地球環境問題という観点も大切ですが、高齢者や労働力を街中に集めて介護や医療サービスの生産性を高めるという効果がより重要になってきます。

コンパクトシティが日本になかったわけではありません。駅の近くに商店街や医療施設などがあり、歩いて移動できる距離に人が住んでいる状況はコンパクトシティといえます。大都市部では、都心のオフィス街を除き、コンパクトシティ同士が鉄道で結ばれた状態ということになります。

私は、地方の街でコンパクトシティ化を進め、人が集まって住むようにしないと、日本という国は維持できないと考えています。街から離れた中山間部や郊外では急激に人口が減り、そこで人が生活するためにはインフラ整備や介護・医療サービスを届ける必要があるなど、社会が負担するコストがあまりにも大きくなってしまいます。地方で高齢者が暮らしにくい理由の一つに車が必須だということがありますが、そもそも車で移動するのは住まいや生活機能が分散しているためです。地方の車社会はエネルギーの非効率的な消費と、地球環境への負荷というマイナスの側面があります。

それならば、そこに住む人たちには街中に移住してもらい、大都市部で密集し過ぎた地区からも地方の街中に移住してもらい、効率の良いコンパクトシティを形成することができます。このまま地方の人口が減り続けると、中山間部や郊外、中心市街地の別なく地方はすべて共倒れになってしまいますので、待ったなしの状況です。

では、どのようなコンパクトシティをイメージしたらいいかというと、コンパクトシティには明確な定義がありませんが、平成25年度国土交通白書によると、一般的には①高密度で近接した開発形態、②公共交通機関でつながった市街地、③地域のサービスや職場までの移動の容易さ——という特徴をもつ都市構造のことを指します。国土交通白書は、「多極ネットワーク型」「串と団子型」「あじさい型」というパターンを紹介しています。

多極ネットワーク型は、合併前の旧町村中心部を地域拠点として、中核拠点とネットワークで結ぶまちづくりです。大きなターミナル駅周辺など主要な拠点に一極集中させ

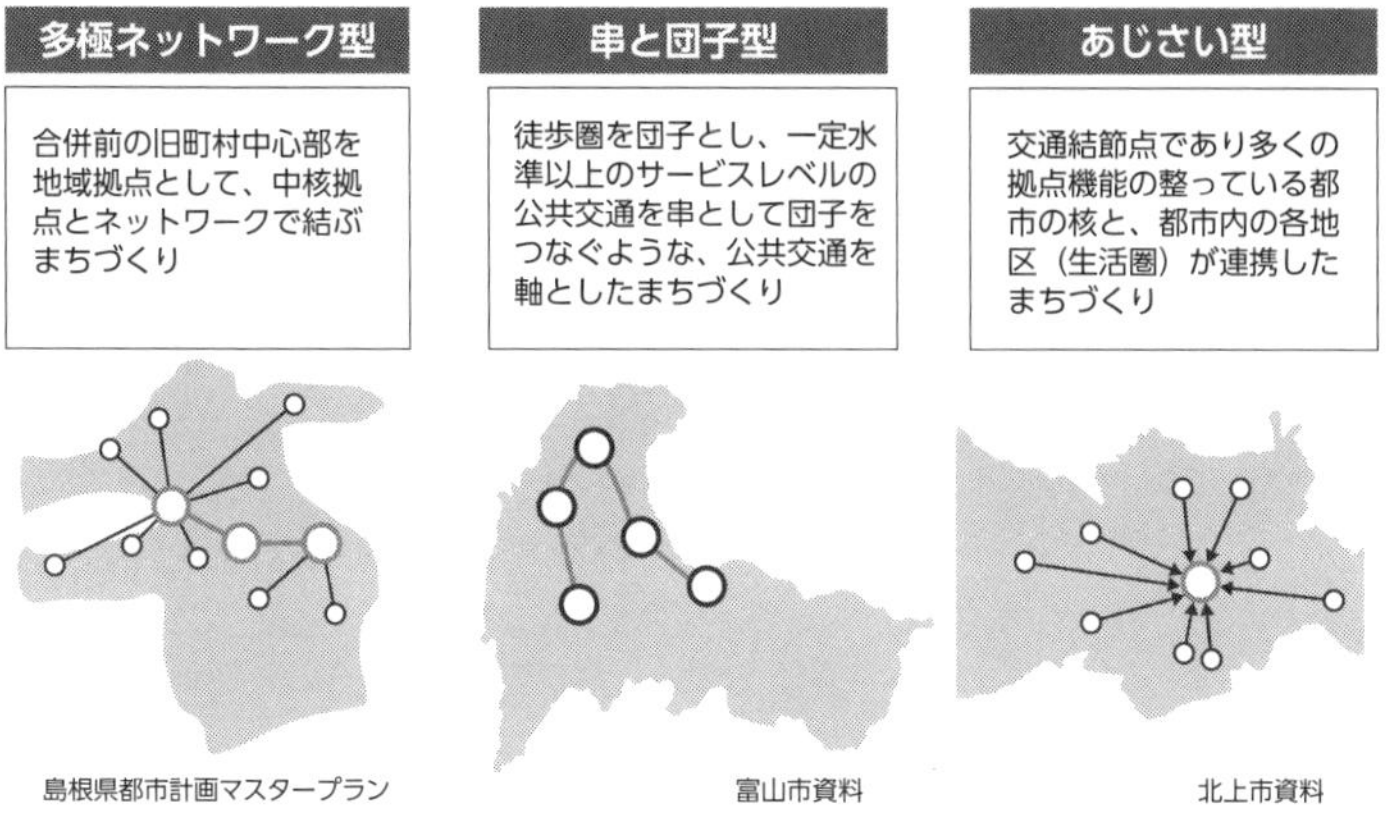

出典：国土交通省「平成 25 年度国土交通白書」

るのではなく、その他の生活拠点も含めたコンパクト化を目指すものです。

串と団子型は、徒歩圏を団子に見立て、バスや鉄道などの公共交通という串で団子をつなぐまちづくりです。富山県富山市が進めているコンパクトなまちづくりの基本コンセプトとなっています。

あじさい型は、交通結節点であり多くの拠点機能が整っている都市の核と、都市内の各地区（生活圏）が連携したまちづくりと説明されます。あじさい型のまちづくりを進める岩手県北上市は、都市を構成する地域コミュニティをあじさいの花にたとえ、「それぞれの地域が独自の資源を生かして自立した地域として咲き誇り、相互に連携することによって人口減少・超高齢社会にあっても生き生きと持続的に発展できる都市の姿をイメージしている」と説明しています。

コンパクトシティの効果

国土交通白書が挙げるコンパクトシティの効果をまとめてみると、コンパクトシティについて整理することができます。

○ある程度の人口がまとまって居住することにより、福祉・商業などの生活サービスの持続性が向上する。

○生活サービスに徒歩や公共交通で容易にアクセスできるようになることで、外出が促進され健康の増進につながるという生活面での効果がある。

○除雪やゴミ収集、訪問介護などの公的サービスの効率化や公共施設の再配置・集約化などにより、財政支出の抑制につながるという財政面での効果がある。

○徒歩や公共交通による移動を促進し、過度な自動車への依存が抑制され、二酸化炭素排出量の削減につながるという環境面での効果がある。

○サービス産業の活性化と外出の増加による消費の増加という経済面での効果がある。人口が集積することによって、特にサービス業で労働生産性が高まる。

○集住や生活サービス機能の集約立地が進むことで、既存の公共施設などの人件費や運営費を削減することが見込める。

どれもそのとおりだと思います。例えば、鳥取県米子市には従来の中心市街地に老舗の大手百貨店があるのですが、経営がうまくいっていません。また、和歌山市ではかつて地元の老舗百貨店をはじめ4店舗があったのが、長引く不況で閉店が相次ぎ現在は大手百貨店1店が残るのみになりました。滋賀県では唯一の百貨店だった西武大津店が２０２０年に閉店し東北では岩手県花巻市のマルカン百貨店が２０１６年に閉店するなど、地方で百貨店が閉店する動きが相次いでいます。

コンパクトシティは、これまで国や地方自治体が取り組んできていますが、国土交通

コンパクトシティに関する意識

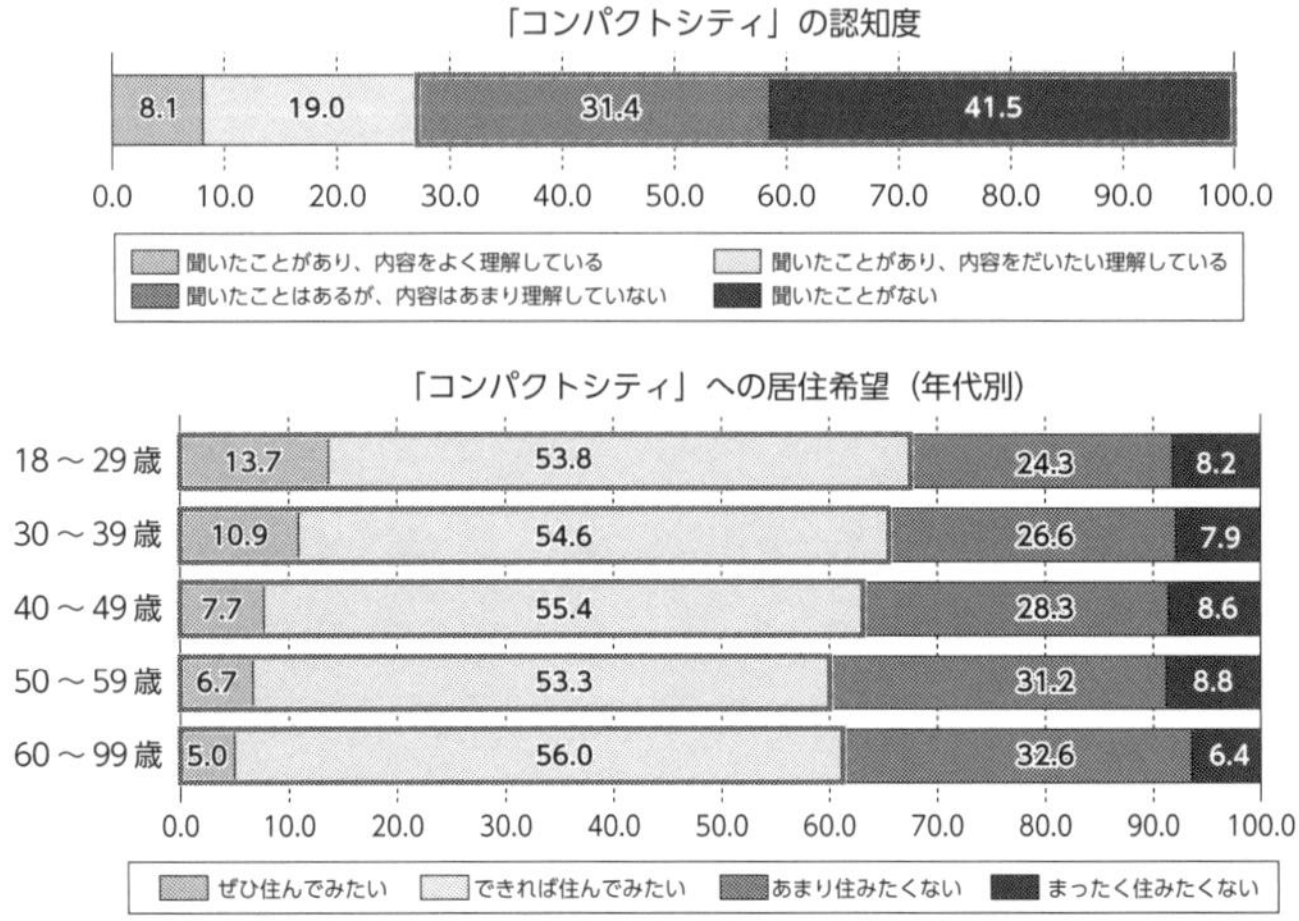

資料：国土交通省「国民意識調査」

省の国民意識調査では、「聞いたことがない」が4割以上を占め、「聞いたことはあるが、内容はあまり理解していない」を含めると、よく知らない人が7割以上に達しています。ただ、コンパクト・プラス・ネットワーク（コンパクトシティ化と公共交通ネットワークの再構築）やコンパクトシティについて概要を説明したあとに「実際に住んでみたいか」と尋ねると、すべての年代で「ぜひ住んでみたい」「できれば住んでみたい」が計6割以上になったとのことです。これは、コンパクトシティについて理解すれば、国民の多くが考え方に共感するということを示しています。

賃金上昇もコンパクトシティの効果

コンパクトシティでは労働者の生産性が高まるというメリットは、賃金の引き上げへの関心が高まっている現在、もっと注目されるべきです。

人口が集積しているということは、消費者が多く集まっていることを意味します。一つの製品を売る場合、消費者が多くいるほうが販売の効率は上がります。介護サービスでも同じことがいえて、訪問介護の場合に利用者が散らばっているよりも、近接して集まっているほうが効率は格段に良くなります。つまり、労働生産性が上がるのです。特にサービス業は製品を売る場合と異なり、従業員を多く確保しても利潤は来店者数に左右されます。このため、多くの客を見込める人口密度が高い地域に立地したほうが労働生産性は高くなります。

また、消費者と同様に働き手も集まっているので、募集や通勤手当にもあまりコストをかけずに済むことになります。

労働生産性が上がれば、事業所の経営にも余裕が出て、賃上げしやすくなります。そして、地域全体で賃金が引き上げられると、暮らしの豊かさが向上し、地元でお金を使うようになるはずです。このように、地域の経済が活性化するメリットがあります。

逆の場合を考えると、このまま人口が薄く広がった状態が進むと労働生産性は低下し、住民の賃金は上がらず、経済は停滞していきます。やはり、街はそのままの人口規模で範囲を縮めていかないといけません。

商店街が復活したコンパクトシティ「高松丸亀町商店街」

香川県高松市の高松丸亀町商店街は、民間主導のコンパクトシティの成功例として有名です。

商店街のホームページによると、商店街は高松市の中心商業地区の真ん中に位置し、全長は470メートルあります。有名ブランドを扱うブティックが多く、流行の先端を行くファッション性の高い商店街として高松の商店街をリードしてきました。古くからアーケードのリニューアル、路面のカラー舗装、販促イベント、カード事業、清掃などのマネジメント事業のほか、ポケットパークやコミュニティ施設の建設など商店街で考えられることはすべて取り組んできたそうです。

コンパクトシティ化となる再開発事業の出発点は、１９８８年の「丸亀町開町４００年祭」でした。当時はバブル経済の絶頂期です。この年は本州と四国を結ぶ瀬戸大橋が4月に開通し、全国からどっと観光客が訪れました。祭りは１０８日間に及び大盛況でした。そのさなかに振興組合理事長が「このにぎわいがこれからの１００年も続くだろうか。もっと抜本的な改革が必要なのではないか？」という懸念を投げかけたそうです。高松市でも地元スーパーが郊外に大型店を出店し、商店街の通行量に減少の兆しが見えていました。組合員にも衰退への危機感が生まれ始めていました。

商店街のあり方について議論を重ねた結果、商店街全体を一つのショッピングセンターに見立て、業種の偏りをなくすことによって魅力的な都市空間を作り出す必要性が導き出されました。しかしその間、市周辺部の開発や郊外型ショッピングセンターの展開が加速し、商店街の通行量や売上が急速に落ちました。空き店舗さえ見られるようになったそうです。

再開発事業では、商店街を7つの街区に分け、街区ごとに特徴をもたせながら公園や飲食店、生活雑貨店、福祉サービスなどこれまで不足していた機能も段階的に補っていく計画を立てました。

この再開発事業の特徴は、やはりコンパクトシティの実現を前面に出していることだと思います。バブル期の地価の高騰のため商店主はそこに住み続けることが困難になり、居住人口は一時100人を切りました。このため、「人が住める町」に生まれ変わろうと、街区の上部を居住スペースとすることを自主規制ルールの一つとし、居住人口を増やそうとしています。商店街の上層階に高齢者向けマンションも設けられています。飲食店や日用雑貨店、生鮮市場、診療所など暮らしを支える機能も充実しています。そのうえ、質の高いライフスタイルを提案できる町を目指しています。

ホームページでは、「コンパクトシティを目指して」というタイトルで、このようなことが書いてありました。

「小さくて住みやすい町。高齢者にとって、女性や子供にとって、就業・文化活動・買い物・病院通いなどにも便利な町。そんな町になれば、本当に豊かな生活が実現できると思います。そんなコンパクトシティの実現を目指して、町の住民が自ら動く。それが、丸亀町商店街の伝統であり、スタイルなのです」

商店街の伝統があってこその成功なのだと思いますが、非常に参考になる事例です。

富山型コンパクトシティ

古くからコンパクトシティに取り組む自治体の先行例としては、富山市が有名です。パターンとしては、串と団子型に相当します。

富山市事業構想研究会編「富山型コンパクトシティの構想と実践」(学校法人先端教育機構事業構想大学院大学出版部)によると、富山市は2003年以降、従来の「自動車利用を中心とした拡散型のまちづくり」から大きく方向転換し、「公共交通を軸とした拠点集中型のコンパクトなまちづくり」を目指してさまざまな施策に取り組みました。
事業を先導した森雅志市長（当時）は2002年の就任当時を「地方都市はすでにバブル経済が崩壊しているにもかかわらず、郊外へと拡散する都市行政を行っていました。バスや路面電車といった公共交通を廃止し、自家用乗用車ありきの社会が作られていたのです」と振り返り、次のように述べています。

「どこへ行っても道路を作り、渋滞が起こるからバイパス道路を作る。都心部は地価が高いため、郊外の農地を潰して住宅団地を作り、まちの中から若い世代が結婚するとそこへ引っ越していく。これは、車を使えない人にとって極めて生活しづらいまちをつくり、都心の空洞化による都市全体の活力低下と魅力の喪失を招きます。さらに、人口が減っていくのに、下水道も延び続けますし、ゴミを収集するエリアも広がり続け、都市管理の行政コストが大きくなります。あるいは高齢者に訪問介護をするにしても、バラバラの場所に一人ずつ暮らしているという都市構造よりも、一定程度固まって住んでもらうほうが、介護する方お一人が対処できる高齢者の数が増えますよね。同じようなことは教育や物流など、あらゆることにいえます」。

こうした考えを背景に、交通に投資をしてコンパクトなまちづくりに取りかかりました。方針は①富山ライトレール（ＬＲＴ）や市内電車の環状線化をはじめとした公共交通の活性化、②その沿線地区への居住推進、③中心市街地の活性化――を同時に進めることでした。徒歩圏では徒歩や自転車で移動し、徒歩圏間は公共交通を使うことによって、車が自由に使えなくても生活に必要なサービスを享受できる、歩きたくなるまちづくりを目指したのです。

既存の公共交通網のうち、市内のすべての鉄軌道と運行頻度の高い路線バスなどの路線を公共交通軸として設定し、「中心市街地地区（都心地区）」と、利便性の高い公共交通軸の沿線に「公共交通沿線居住推進地区」を定めました。そのうえで、住宅助成などを行うことで人々の居住を居住推進エリアへ誘導しました。

こうした取り組みの結果、２０２０年2月時点でさまざまな成果が上がっています。税収は大幅に伸びて過去最高を記録し、固定資産税と都市計画税は7年前との対比で11・5％も増えました。「税収が伸びているからこそ、国の補助金頼りではなく、富山市としてぜひやりたい事業に投資を行うことができています」と森市長は書いています。

転入・転出に伴う人口の動きは11年前から連続してプラスです。出生と死亡の差を埋めるほどではないため人口減少は止められていませんが、狙いどおりに「マイルドな人口減少」を実現できています。さらに、富山市への評価が向上して民間企業が工場を建設するなど投資も活発になりました。

高齢者を対象に日中、市内各地から中心市街地へ出かける際に公共交通利用料を１回１００円とする「おでかけ定期券」事業では、医療費の削減や要介護度の上昇を抑える効果のあることがデータで示されています。

パソナの例

人材サービスのパソナグループは２０２０年9月から、兵庫県淡路島へ本社機能の移転を進めています。この移転は自然災害に備える事業継続計画（ＢＣＰ）の一環であって、コンパクトシティの形成を目指したものではありませんが、コンパクトシティ化の一つのヒント、あるいは私たちの事業の将来を占う取り組みになるのではないかと思っています。

国土交通省の資料（パソナグループに対するヒアリングは２０２０年10月に実施）によると、２０２４年5月末までにグループ全体の本部機能の社員約１８００人のうち約１２００人を順次移転する計画です。本社の移転理由として、ＢＣＰの観点から東京に本社機能が集中することをリスクと認識し、２拠点に分散化することを挙げています。また、コロナ禍でのリモートワークの経験を踏まえ、リモートワークを活用した多様な働き方や豊かな生き方の実現を重視したということです。オフィス賃料を10分の１程度に抑えられることも理由の一つとしています。

淡路島は神戸や大阪まで30分から1時間の距離。完全に転居する人もいれば２拠点で働く人もいます。保育所の開設やオンライン診療、教育などもグループ会社や自社職員で対応しているそうです。

まだ移転が始まったばかりですが、コンパクトシティの核としてまちづくりが進めば、人や産業も集まってくることが期待されます。

高齢者住宅を起点としたコンパクトシティ

国や地方自治体がイメージするコンパクトシティは、だいたいが市街地同士を公共交通のネットワークで結んでいます。大都市部に住む人だったら駅前に商店街があって、というイメージがすぐに浮かぶのでしょうが、地方は駅の数が限られています。私が思い描く「地方のコンパクトシティ」は、中心部に駅があるとは限りません。市役所や大きな病院、百貨店などでもいいですし、あるいは住宅密集地にスーパーがあって、その周辺に何かが建っていくというタイプもありそうです。こうした街が、バスや鉄道でネットワークを作っているイメージです。

コンパクトシティ化を進めるには、住宅や住民を一定のエリアに集約する必要があります。今の時代、強制的に移住させることはできないため、何かで誘導する必要があります。私はその役割を、魅力的な新・高齢者住宅に担わせる考えです。地方の中心市街地に高齢者住宅を多数建築し、そこを起点としてコンパクトシティ化を進めるのです。

移り住んでもらいたいのは、大都市や中山間部、市郊外に住む高齢者です。大移動が実現して高齢者が増えると、必ず介護人材も必要になります。高齢者住宅は介護サービスの利用者が集積していますから、高い生産性が見込め、職員の賃金水準も引き上げられます。家計に余裕がある世帯が増えれば、地域の経済も回ります。

今、大半の地方都市は中心市街地が空洞化してしまっています。戦後の急激な経済成長に伴い、多くの市民が「郊外の庭付き一戸建て住宅」を求めて周辺部に移り住んだ影響です。このときに住宅地と商業・業務地が切り離され、中心市街地に住む人が激減してしまいました。さらに、バブル期に土地価格が高騰し、庭付き一戸建て住宅を得るにはより遠くの土地を選ばなくてはならなくなりました。こうして、中心市街地に人はいなくなったのです。かつての高松丸亀町商店街でも見られた現象です。

この状況を逆手にとったらいいのではと思います。空洞化した中心市街地に高齢者住宅や一般住宅を多数建設し、暮らしに必要な店舗や医療機関、介護事業所などを過不足なく計画的に誘致するのです。企業城下町ならぬ高齢者住宅城下町、あるいは介護城下町です。ただこの場合、多様性を保ち「普通」であるために、若い人たちにも移ってきてもらわなければなりません。

農業は街から通う

地方の街でコンパクトシティ化が進んだ場合、中山間部で行われている農業や林業にも変化が生じます。現在は農地の周りに集落があり、そこに住む人たちが農業や林業を営むというスタイルになっています。コンパクトシティ化は、人口をコンパクトな街に集め、住まいと生活機能が近接した効率的なまちづくりですから、その考えに従うと中山間部には人が住まないことになります。人が住むには電気や水道を送る必要がありますし、医療や行政などのサービスで街と中山間部で格差が生じてしまいます。

私は、街から通って農業や林業を営むのがいいと考えます。コンパクトシティが真ん中にあり、その中に住まいや職場、さまざまな生活サービスが集まり、その周辺部に田畑や港があるイメージです。

米子市でコンパクトシティ化の兆し？

私たちが10棟の高齢者住宅を展開する鳥取県米子市で、コンパクトシティ化の兆しが見えています。高齢者住宅を建てている市中心部では小中学校の児童・生徒数が増え、クラスが増えています。一方、郊外では子どもの数が激減し、小中学校の統廃合が進んでいます。

この背景には、市街化調整区域という制度があります。市街化調整区域は、市街化を抑制するために住宅や商業施設などの建築が制限されている地域を指します。農地などが商業地や住宅地に変わっていくことを抑えるため、郊外が市街化調整区域に定められることが多いのですが、この区域では自由に家を建てられず、無秩序な市街地の拡大を防ぐ役割を果たしています。

今となっては、この市街化調整区域が良い方向に機能しているといえます。

コンパクトシティでないと地方は成り立たない

インターネットを使ったサービスが急速に発達しました。欲しいものがあればネットで調べ、マウスでクリックすれば翌日に自宅に届く時代です。電子書籍ならば届くまで待つ必要もなく、すぐに読み始められます。また、２０２０年から世界的に大流行した新型コロナウイルス感染症は、リモートワークを普及させました。会議や打ち合わせはネットで行うのが当たり前になりました。

しかしそれでも、人を介さなければ不可能な分野というのはあります。飲食業や宿泊サービス業、生活関連サービス業、娯楽、運輸などの対面型サービス業です。ファミリーレストランや回転ずしのようにロボットやデジタル技術を活用して人手不足を補おうという工夫は広がっていますが、生きた人間がまったく不要ということにはなりません。

これからの日本社会では労働力人口が減っていきます。それなのに、人が散らばって住んでいたら、こうした対面型サービス業は成り立たなくなっていきます。ネットで商品をクリックしても、最終的に消費者に届けるのは人の仕事です。今後、配達する人手がなくなる可能性もあります。介護人材も減っていきます。小売業や飲食店・飲食サービス業、介護事業はいわゆる「人手不足業種」といわれていますが、慢性的な人手不足を抱えつつそれぞれの業種が成立していくためには、街がぎゅっとコンパクトになって効率を上げなければなりません。

地方で暮らすと分かる、コンパクトシティ化の重要性

地方で暮らしていて、肌で感じていることがあります。コンパクトシティ化の兆しが見えているといった米子市だけでなく、島根県出雲市などでも中心部は人口が増えているのですが、周辺に広がった郊外の住宅地は人口が減り続けています。中山間部はもちろん、郊外も街がなくなってきています。すると、20年、30年後に街と呼べる範囲はど

のように変わっているのだろうかと考えるのです。どんどん縮んで、最後には消滅してしまうのではないか。中心部の人口が増えているのは今だけで、いずれ人口も経済もどんどん収縮していってしまうのではないか。そんな未来を想像すると、不安な思いが引き起こされます。

そのような事態を避けるためには、人々が意図的に集まって住み、経済を維持する必要がある。そのような発想から、コンパクトシティの重要性に思い至りました。

さらに、持続可能な社会を実現するためには環境問題への取り組みは避けられません。自動車の移動距離を短くして二酸化炭素の排出量を減らす必要がありますし、自動運転による公共交通が登場した場合にも人が集まって住んでいたほうが好都合です。このような観点からもコンパクトシティ化が重要であると考えています。

コンパクトシティ化のための高齢者住宅という目標が定まると、高齢者住宅のあり方も自然と決まってきます。それが、新・高齢者住宅です。事業を始めた当初は「住み慣れた地域で暮らしたい」という高齢者の思いに応えるため街中に高齢者住宅を建設しましたが、コンパクトシティ化が軸に変わると、さらにまちづくりの重要性が増します。

介護の問題を解決するという役割はもちろん変わりません。しかしそれ以上に、中山間部や郊外に住む独居の高齢者や高齢者夫婦世帯が利用できる高齢者住宅のあり方を考えていくと、さまざまな事業展開を視野に入れなければなりません。コンパクトシティ化はその重要な軸となるものです。

第5章

雇用増加、介護の中心産業化、地域内経済循環――新・高齢者住宅とコンパクトシティが地方経済を活性化させる

地方をデザインする

地方が良くならないと、日本は良くなりません。地方の街のデザインを一からやり直さないと日本社会は維持できなくなります。私たちは、高齢者住宅事業を軸に持続可能なまちづくりの提案を目指すことにしました。高齢者住宅事業という殻を破り、デベロッパーの視点で事業を展開していく覚悟を決めています。

人口が増えている時代でしたら、地方の活性化には地域雇用を創出することが必要だったのだと思います。しかし、人口減少社会の今は逆の発想をしなくてはならなくなりました。労働力人口が減りゆくなかで、どうすれば少ない人数で社会を回せるかについて考えないと現実的ではありません。その答えが、人が集まって暮らす効率的なまちづくり、すなわちコンパクトシティ化だったのです。

日本にはすでに1億２０００万人もの人が住んでいるため、一から街を建設しようとするのは現実的ではありません。そのため、地方の中核都市を生かしてコンパクトシティ化し、周辺の郡部から移り住んでもらうことになります。首都圏など大都市部の高齢者は、元をたどると進学や就職を機に地方から出てきた人たちが多数を占めます。こうした人たちに、ふるさとに戻ってきてもらって、子ども時代を一緒に過ごした兄弟姉妹やいとこ、同級生たちとまた近くに住んでもらうのです。

そのためには、受け皿となる高齢者住宅を整備し、高齢者にとって便利で魅力的なまちづくりが必要となります。地方の街をデザインし直すというのは、このような意図があります。

山陰で社会実験をする理由

私たちが山陰に集中的に高齢者住宅を開設しているのは、一つの社会実験だと考えています。

山陰地方の鳥取・島根両県はどちらも東西に長く、両県で計約120万人が暮らしています。このうち私たちが32棟の新・高齢者住宅を展開している中海・宍道湖圏域の人口は約60万人です。人口が60万人あればいろいろなことが可能で、豊かな地域として発展させられると考え、事業を続けてきました。

しかも、今後の人口動態を見ると、周辺の郡部の人口減少が激しいのとは対照的に、中海・宍道湖エリアはほとんど人口が減りません。首都圏の千葉県や埼玉県より減少は緩やかです。

これは、両県とも合計特殊出生率が比較的高いことが背景にあります。２０２１年は島根県が全国４位の１・62、鳥取県が全国10位の１・51でした。また、両県は人口10万人あたりの１００歳以上の高齢者数も多く、島根県が全国１位の１４２・41人、鳥取県が全国３位の１３２・60人でした。子どもが多く、長寿の地域であるこの地域で高齢者住宅を軸にしたまちづくりを行えば、意味のある全国のモデルになると考えています。

私が「社会実験」と言っているのは、①従来の高齢者住宅のイメージを覆す新・高齢者住宅を提供している、②ドミナント戦略を採用している、③山陰の人口60万人の地域に32棟もの新・高齢者住宅を高密度に展開している——というポイントがあるためです。

新しいことをしていて、どのような効果が現れるか分からない。だから「実験」です。

新・高齢者住宅はまったく新しいコンセプトで建設・運営されています。しかも、関係しているのは入居者だけではありません。地域に開き、地域の人も自由に出入りできるようにしているため、新・高齢者住宅を実際に見て理解してくれる人は相当な数に上ります。新・高齢者住宅の前を通り、「高齢者住宅って、きれいな建物だな」と思ってくれるだけでも、その積み重ねで社会に大きく影響していきます。もちろん、私たちが狙っているのは高齢者住宅に対して正しいイメージをもってもらい、入居に対するハードルを下げてもらうことです。

山陰の人口120万人の地域に36棟というのは全国レベルでは目立つような影響力のあるものではありません。全国の高齢者住宅の定員数で比較すると、上位には1万人以上が入居可能な大手が並び、約2300人の私たちは全国で55番目に位置します。しかし、ドミナント戦略は弱者が強者に勝つための戦略です。集中的に立地した結果、中四国なら2番目くらいに位置します。ドミナント化ではおそらく日本一のはずです。

あるとき、私の知り合いの開業医が患者から言われた話を教えてくれて、ついうれしくなってしまったことがあります。その患者は、私が展開している高齢者住宅のブランド名を挙げて、今度そこへ入居することになったと話したそうです。しかし、詳しく聞くとそれは私の会社の施設ではありません。つまりその患者は、固有名詞である私の施設のブランド名を、高齢者住宅一般を指す普通名詞だと思い込んでそう言ったわけです。これは、ドミナント戦略が成功して、この地域では一番目立つ高齢者住宅だったために起きたことです。

私たちが新・高齢者住宅を展開している山陰の主要都市は、高齢者住宅の普及率が全国平均の倍近くに達しています。これらの地域では、入居希望者が集まる一方、特別養護老人ホームに空きが出たり、中心市街地に空き家が増えたりしています。

特別養護老人ホームに空きが出ているのは、私たちの狙いどおりに新・高齢者住宅に一定のニーズがあるからだと見ています。要介護3以上でしたら、経済的負担が非常に少なくて済む特別養護老人ホームに入ることができます。それでも新・高齢者住宅を選ぶのは、費用が高くても「豊かに暮らしたい」と願う人がたくさんいるからだといえます。

中心市街地に空き家が増えているのは、裏を返せば独居の高齢者が私たちの高齢者住宅に入居していることを意味します。自立した生活ができているけれど、料理ができないなど暮らしになんらかの不便がある高齢者が私たちの高齢者住宅に多く入居しているのです。同じ地区や同じ街から移り住んでくる例がたくさんあります。

空き家の増加はその地域にとって決してプラスではありませんが、過渡的な現象だととらえることもできます。高齢者が独居でいるということは非常に効率が悪く、高齢者住宅にまとまって住むことによって空き家が増加するということは日本の未来のために避けては通れない出来事です。また、こうしてできた空き家を、暮らしに必要な店舗や医療機関などに効率よく転換できれば、徒歩圏内で生活のできるコンパクトシティ化が進むことになります。

今後、中心市街地に空き家が増えることは避けられません。大切なのは、その空き家をどのようにまちづくりに活用するか、です。

高齢者住宅を、地域の人が集まる場所に

私たちは高齢者住宅を起点としたコンパクトシティ化を目指していますが、コンパクトシティの高齢者がすべて高齢者住宅に住めるわけではありません。むしろ、住めるのはほんの一部です。さらに、高齢者住宅の入居者だけが豊かに暮らせればいいというわけでもありません。

そこで、自宅で暮らす高齢者にも、昼間に新・高齢者住宅の共有施設を利用してもらおうと考えています。同様の機能が期待されている施設には公民館やコミュニティセンターがありますが、人が集まる場所として機能していないのが大部分だと思います。

「サードプレイス」という言葉があります。ファーストプレイスは自宅、セカンドプレイスは自宅以外で長い時間を過ごす職場や学校など、そしてサードプレイスは第3のリラックスできる居場所のことです。サードプレイスとなるのは、カフェや飲食店、公園など人それぞれです。サードプレイスがたくさんある地域は豊かだといわれています。

スターバックスは、このサードプレイスであることを軸にブランドを確立したことで有名です。

今、地域にコミュニティがなくなったといわれることが多くなりました。私は、コミュニティやサードプレイスの機能を、新・高齢者住宅の1階にある共有施設や併設のカフェが担えばいいと思っています。最近では、そのような思いを込めてラウンジなどの設計を考えています。

60〜70代の女性の一番の悩みは、定年を迎えた夫が昼間も自宅にいることだといわれています。郊外に自宅を構えて遠距離通勤をしていた元勤め人は、平日の昼間を自宅周辺でどのように過ごしたらいいか知りません。そういう人たちは、私たちの高齢者住宅に来て、ものづくりをしたり、運動をしたり、友人とおしゃべりをしたりしたらいいのです。入居者も地域の人も私たちの高齢者住宅で楽しそうに笑っている。そのような風景を理想として思い描いています。

中心市街地ににぎわいを取り戻そう

鳥取県倉吉市は、鳥取市と米子市の間にある人口約４万５０００人の市です。子どもの頃はまだ商店街ににぎわいがあり、土曜日の夜に開かれる土曜夜市を楽しみにしていました。その夜は歩行者天国になり、お祭りのように屋台が出ていました。子どもの姿が多く、みんな笑顔でとても活気があったのを覚えています。今は子どもが激減してしまいましたから、いくら頑張ってにぎわいを取り戻そうとしても同じ光景は再現できません。

２０２２年は生まれた子どもの数が80万人を割りました。団塊の世代が生まれた頃は年間出生数が２７０万人近くでしたから、当時の３分の１以下に減ってしまったことになります。地方から子どもたちの歓声が消えてしまったのも当たり前です。

街にはにぎわいが必要です。物質的豊かさと精神的豊かさの両方につながります。

以前は地方都市でも、今の首都圏の駅前と同様に中心市街地にはにぎわいがありました。その後、地方では人が分散して住むようになってしまい、中心市街地は空洞化していったのです。私が子どもの頃、土曜夜市をしていた商店街の近くの小学校は1学年に4クラスも5クラスもありました。しかしその後、子どもが減って、クラスも減ってきました。市全体の人口はそれほど変わらず、人が中心市街地から郊外へと移っていった影響です。

私たちの高齢者住宅で、「マルシェ」のイベントを開いたこともあります。高齢者住宅内と駐車場を利用し、野菜などの販売をしました。コンパクトシティには、人が集まってにぎわう場所が絶対に必要です。新・高齢者住宅はこの役割を担えます。それに、入居者にとっても楽しみになったり、刺激になったりして、非常に良い効果があります。

自家用車の普及が社会を大きく変えた

郊外の変化に目を向けてみると、中心市街地の空洞化と並行して起こったのが、郊外の幹線道路沿いに建設されたロードサイド店舗の増加です。増えた背景にはもちろん、自家用車の普及があります。地価が安い郊外では広々とした駐車場が確保でき、店舗もコストをかけずに床面積を広くできます。建てられたのは、人々が住む既存の市街地や郊外の新興住宅地から車でアクセスしやすい場所です。

　こうして考えると、自家用車の普及が社会を大きく変えてきました。日本の長い歴史の間、日常生活では徒歩や馬が移動手段でした。マイカーが普及し始めたのは60年ほど前です。徒歩を前提に街が作られていたのはそんなに昔のことではありません。

　自動車が登場し、中心市街地から離れた郊外に人が住めるようになったのが大きな変化の始まりでした。勤務先や日用品を買う店、病院、役所などから離れたところに住んでも、好きなときにマイカーで行くことができます。雨に濡れることなく、重い荷物に苦しめられることもなく買い物や通勤ができます。ただ、徒歩を前提にした既存の中心市街地では車を止める場所に苦労します。しかし、広い駐車場を備えたロードサイド店舗が次々とオープンし、駐車場探しの苦痛やコストから解放してくれました。しかも、広大な店舗に豊富な品ぞろえで、世代を超えて買い物が楽しめます。映画館などの娯楽施設もオープンし、土日にファミリー層でにぎわう地域も次々とできていきました。

こうして、中心市街地は寂れていってしまいました。

たった60年の間に、地方の生活は完全に車に依存してしまったのです。私たちはエネルギーを消費して点から点へと移動するスタイルに完全に慣れてしまいました。ところが、それもつかの間、現在は車が運転できない高齢者の増加、再生可能エネルギーへの転換、人口減少社会で縮む経済、二酸化炭素の排出削減に早急に対応しなくてはならない時代に移りました。もはや極端な車社会を続けられる状況ではないのです。

だからこそ、徒歩で完結していた昔の街の規模に戻す必要があるのです。コンパクトシティ化の意義もここに見いだせます。

車社会では、若い頃は暮らしやすくて楽しいと感じていても、年を取ったら途端に暮らしにくい環境になってしまいます。もしも少子化が進んでいなければ、若い子育て世代のときは郊外の一戸建て住宅で暮らし、高齢になったら中心市街地の商店街の近くに住み……という住み分けが続けられたのかもしれませんが、次に続く世代がいないため郊外の一戸建て住宅を譲り渡す相手がいません。

米子市ではこの30年で分譲マンションが50棟建ちました。郊外に一戸建てを建てるのではなく、中心市街地に分譲マンションを買うという変化に驚かされます。

車社会とコンパクトシティは共存できない

私たちには車社会が当たり前なのでなかなか気づきにくいのですが、人が暮らし活動するあらゆる場所で車のために相当な面積が奪われています。自宅には所有する車の台数分の駐車場が必要です。一戸建て住宅を建てようとするとき、その駐車スペースがすごくもったいないものに感じられることがあります。もし駐車場が不要だったら、2階建てではなく平屋にし、もっと高齢者が住みやすい構造にできたかもしれないと考えるためです。都市部の賃貸住宅に住む場合は、駐車場代のあまりの高さに驚かされます。

さらに、車で出勤するならばそこにも駐車場がなくてはなりません。店舗に駐車場が少ないと来客数を減らしてしまいます。もしも街中に駐車場がなかったら、その分を店舗や医療機関、行政サービスの拠点などに使えて、生活の利便性は高まります。
なにより、車が通るための広い道も面積をとっています。さらに、街を分断してしまっています。コンパクトなまちづくりに取り組んでいる富山市では、明治時代に富山駅が今の場所に移設され、それ以来東西に走る鉄道が市を分断してしまっていました。富山市にとって、１００年前から続いた中心部の南北分断の解消はコンパクトなまちづくりに不可欠な事業であり、大きな夢でした。富山駅付近の鉄道が高架化され、路面電車を南北に貫くことができたのは２０２０年です。

車社会では、従来の中心市街地は空洞化が運命づけられていたといえます。車社会に対応して駐車場や車道を整備するとその分の空間が奪われ、人口密度の低下や収益の低下、地域の魅力の低下が起きてしまいます。車社会に対応せず駐車場や車道を整備しなかった場合は、客足が途絶えて活力がなくなり、同じ結果に至ります。

こうして考えると、車社会とコンパクトシティは共存できないことが分かります。地球環境を守るという観点からも、車社会からの脱却が必要です。

トランジットモールとは、自動車の乗り入れを制限し、バスや路面電車などの公共交通と歩行者のみが通れるようにした空間のことです。欧米の都市で実施例が多くあります。私たちが目指すコンパクトシティでも、このような取り組みが必要だと考えています。

独居の85歳以上は高齢者住宅へ

私は、85歳で一人暮らしであれば高齢者住宅に入るべきだと断言できます。確かに強制的に入居させるのは絶対にダメですが、快適で自由度の高い高齢者住宅でしたら、それほどむちゃな意見ではないと思います。

ポイントは2つあります。1つは、一人暮らしだと家事もたいへんですし、室内で病気に倒れても気づいてもらえないというリスクを解消できることです。社会とのつながりは認知症の予防にもなります。

もう1つは、社会的なメリットです。85歳を過ぎると介護が必要になる割合も高まっています。訪問介護を受けてもらう場合、利用者が近くに集まっていたほうが介護労働力を有効に活用できます。また、入浴や冷暖房などは、一人暮らしに比べて複数で暮らすほうが効率は良くなります。仮に、中山間部や郊外に住んでいるとしたら、整備している電気や水道、道路などの維持が必要です。人口減少社会では、エネルギーや労働力を効率よく使わなければなりません。

人口が増加し、エネルギーが無尽蔵にある社会ならまだしも、縮んでいく社会ではコスト削減が重要度を増しています。人はある程度集まって住まなければならないのです。人口が拡大していた時代の常識から離れ、未来を見据えて「常識」を修正する必要があります。

人手不足の社会ではグループホームはおかしい

このように労働力人口が減る社会では、高齢者を支えるマンパワーを効率よく活用する工夫が必要です。対面型サービス業の人手不足は、デジタルやロボットの技術では解決できません。そのような状況なのに、国が認知症高齢者グループホームを推進している現状に疑問を感じています。

高齢者を支えるために最も多く人手を必要とするのが、認知症高齢者グループホームです。私たちの高齢者住宅は1棟に50～60人が入居し、14～15人のスタッフが担当しています。一方、グループホームは2ユニット18人のお年寄りに対して、約15人の職員が必要です。夜勤も、私たちの高齢者住宅は1～2人、グループホームも2人です。同じスタッフ数なのに、支えるお年寄りの数に大きな差があります。

これから日本は介護が必要なお年寄りがさらに増え、それを減少していく労働者が支えていかなくてはなりません。それなのに、認知症の増加にグループホームで対応しようとしたら破綻してしまいます。国がつぶれかねません。助成金がたくさん得られるからと、多くの市町村が認知症高齢者グループホームをたくさん作ろうとしている現状は、非常におかしいと思います。人手不足だといっているのに、最も人手が必要なグループホームを増やそうとしているのですから不足するのは当たり前です。

さらに、人員が必要だということは、それだけ介護報酬が支払われるということになります。要介護２の人の限度額は19万円で、それを目いっぱい使うと目くじらを立てられますが、グループホームだと加算を含め約29万円の介護報酬が出ていきます。

少人数が集まって共同生活をしましょう、という理想がものすごく高いのです。しかし、１ユニット９人で狭い空間で共同生活するのは良くありません。もっと多い人数でオープンにすべきです。

高齢者も働こう。そのためにもコンパクトシティ

労働力不足について考えると、労働力を増やし高齢者に生きがいをもってもらうためにも、高齢者には働ける限りは働いてもらうのがいいという結論になります。

内閣府の調査によると、仕事で収入を得ている60歳以上の人の約４割が「働けるうちはいつまでも働きたい」と考えていました。質問は「あなたは何歳ごろまで収入を伴

あなたは、何歳ごろまで収入を伴う仕事をしたいですか

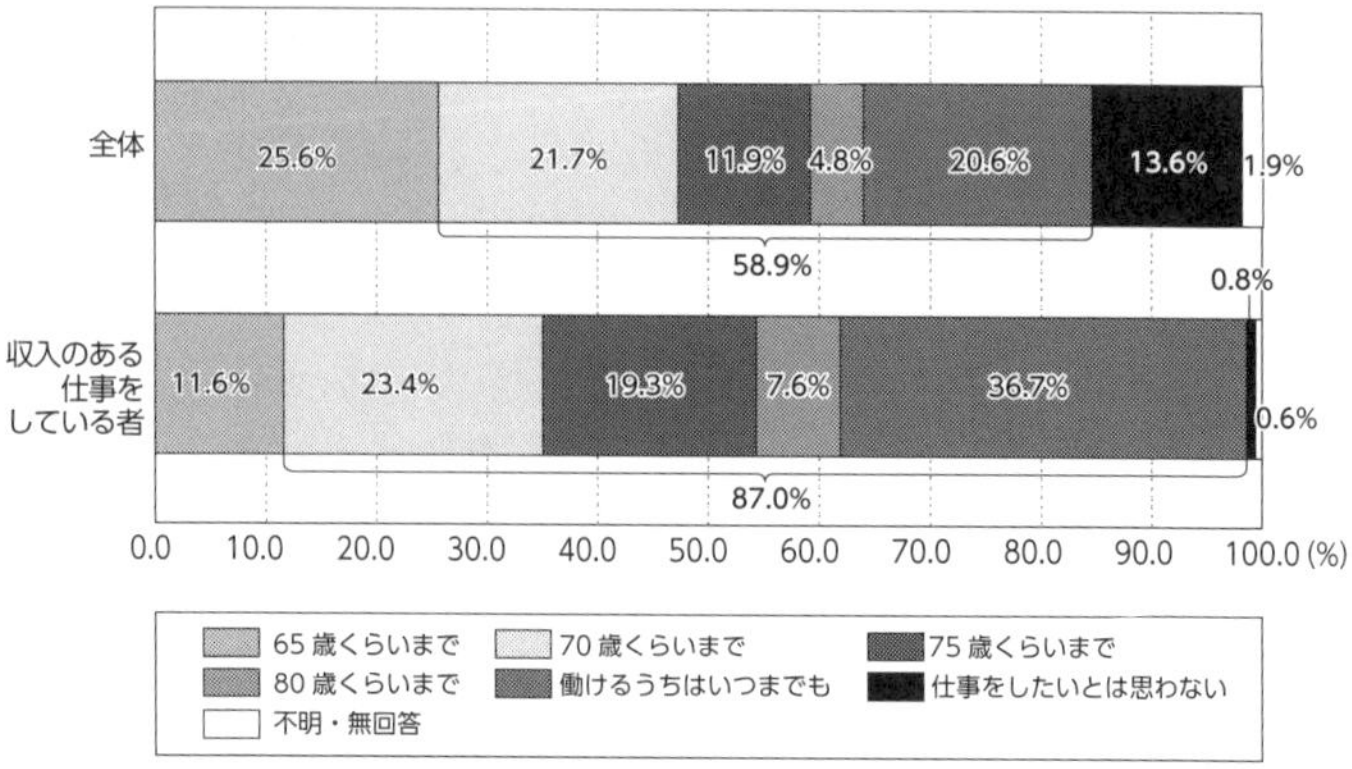

資料：内閣府「高齢者の経済生活に関する調査」（令和元年度）
（注1）調査対象は、全国の60歳以上の男女
（注2）四捨五入の関係で、足し合わせても100.0%にならない場合がある
出典：内閣府「令和4年版高齢社会白書」

う仕事をしたいですか」だったのですが、「働けるうちは」に「65歳くらいまで」「70歳くらいまで」「75歳くらいまで」「80歳くらいまで」も合わせると、84・6%に達しました。高齢期でも高い就業意欲をもった人が多いということが分かります。

日本では従来、定年を60歳とする企業がほとんどでした。しかし、2013年に施行された改正高年齢者雇用安定法で、希望者全員を65歳まで雇うことが企業の義務になりました。さらに2020年の改正では、従業員が70歳まで働けるよう環境を整える努力義務が企業に課されました。

年金財政の悪化を止めるため、受給開始

年齢も引き上げられてきました。会社員や公務員などが対象の厚生年金の受給開始は当初の55歳から60歳となり、現在は原則65歳です。２０２２年４月には、60～70歳だった開始時期の幅が60～75歳に引き上げられました。

このように、働き続ける年齢が延びてきているのが今の流れです。私は70～75歳ぐらい、場合によっては80歳まで働くのがいいと思います。生まれてから何年たったかで区切る定年制度はもうやめて、働ける人は自分の健康状態に合わせて働ける制度にすればいいのです。そうすることが、全産業で起こる労働者不足、特に介護人材不足を少しでも解消することにつながります。

労働力人口は「15歳以上人口のうち就業者と完全失業者を合わせた人口」と定義されます。このため、仕事をしているか、失業中であっても求職活動をしていれば、高齢者も労働力人口に含まれます。

次ページのグラフを見ると、労働力人口は横ばいを続けています。ただ、65歳以上の割合は上昇を続け、１９８０年に４・９％だったのが、２０２１年には13・３％になっています。このことからも、働く高齢者が増えていることが分かります。また、65～

労働力人口の推移

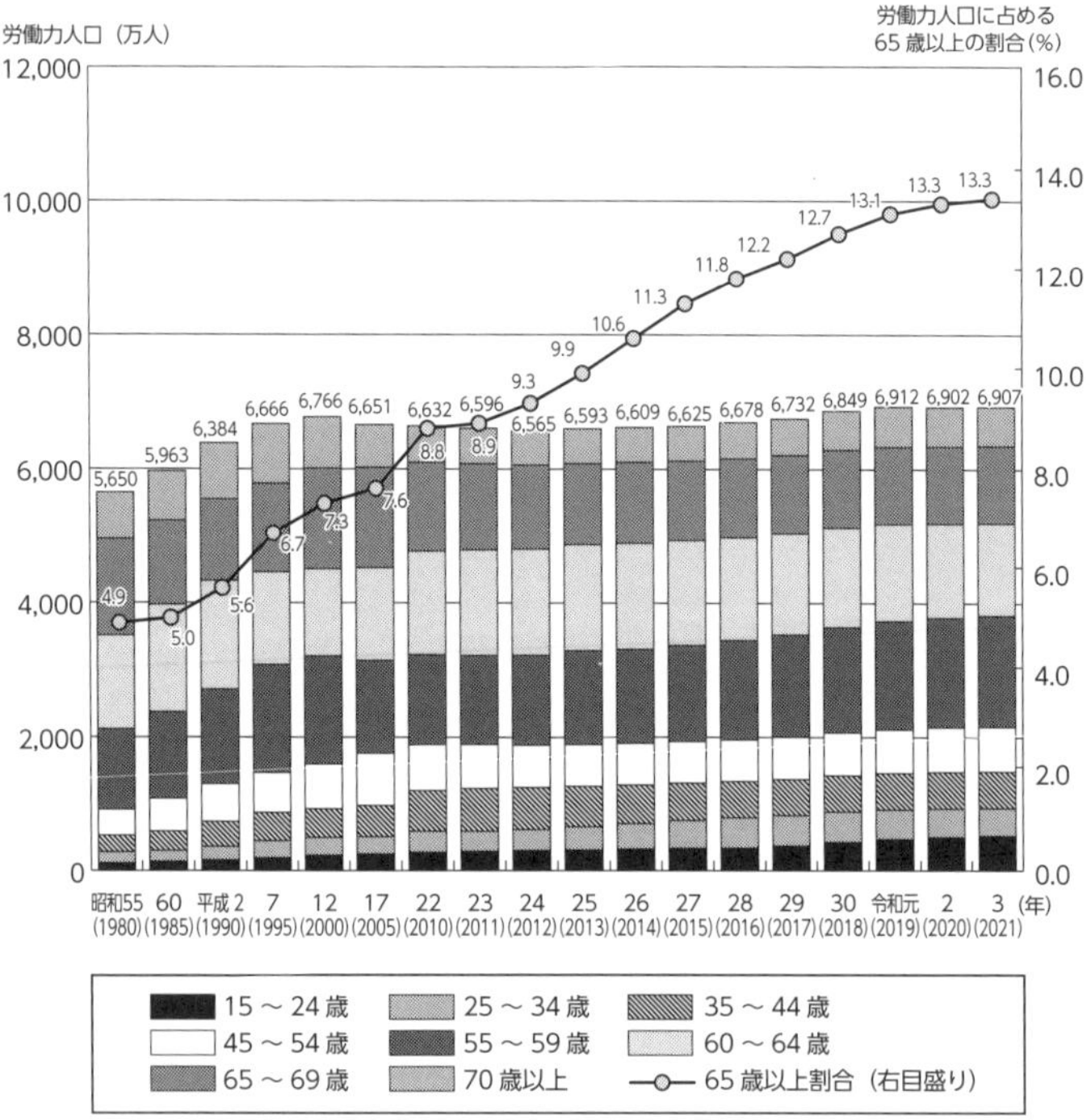

資料：総務省「労働力調査」
（注1）年平均の値
（注2）「労働力人口」とは、15歳以上人口のうち、就業者と完全失業者を合わせた人口をいう。
（注3）平成23年は岩手県、宮城県および福島県において調査実施が一時困難となったため、補完的に推計した値を用いている。
（内閣府「令和4年版高齢社会白書」）

69歳人口に占める労働力人口の割合も上昇傾向にあり、２０２１年には半数を超える51・7％に達しました。65歳を超えても働くことが常識になりつつあります。

そのような状況ですから、私たちの高齢者住宅に入居し、そこから勤務先に通う人ももちろんいます。開業医が入居し、医院に通って仕事をしているという例もありました。また、介護が必要な親と同居し、通勤している男性もいます。

これからさらに介護人材が必要になってきますから、高齢者が介護職で働くという選択肢もあります。高齢者は年齢を重ねたからこその接し方ができるため、より良いサービスを提供でき、利用者に喜ばれる傾向があるようです。

ただ、介護職とはいっても、特別養護老人ホームで働くのはきついと思います。一般に、平均要介護度が2・5を超えると離職率が急激に上がるといわれています。特別養護老人ホームで平均要介護度が4以上だと、会話が成り立たない人がほとんどになってしまい、仕事が作業のようになってやりがいが薄れてしまうのは事実です。これに対して、平均要介護度が低い高齢者住宅はいろいろな人が入居していて働きやすい職場です。

また、高齢者は職場に出て働くことで社会とつながり、認知症の発症を予防することができます。社会や地域のためになっているという生きがいややりがいは、人を生き生きとさせます。

このように高齢者が労働参加する場合、高齢者が働きやすい職場環境を考えなければなりません。特に、住居と職場のアクセスのしやすさが重要になってきます。歩いて行ける距離にあるのが理想的です。

ビジネスモデルを広めたい

高齢者数がピークを迎え、90歳以上人口も急増する2040年問題を乗り切るためにも、高齢者住宅事業は健全に育っていかなければなりません。しかし、地方では利益が出ないととらえられ、人件費や建築費の高騰など経営環境の悪化もあって、高齢者住宅業界はひどく冷え込んでしまっています。今のままだと地方にはこれ以上高齢者住宅が建たなくなってしまいます。私はこのことに強い危機感を抱き、フランチャイズ展開を開始して私たちのビジネスモデルを全国に広め、コンサルティングにも力を入れたいと考えています。

50室以上という部屋数や共有スペース、併設する訪問看護事業所などのノウハウのパッケージを提供します。私たちの高齢者住宅の設計パターンはいくつかあり、建設予定地の土地の形状さえ分かれば併設事業所なども含めた高齢者住宅の設計はすぐにできます。

低価格帯で競い合っている高齢者住宅事業はレッドオーシャンです。特別養護老人ホームなど公的施設も競争相手になり、血みどろの戦いが繰り広げられています。一方、私たちの新・高齢者住宅は建物や設備、サービスにこだわり、その地域での高価格帯です。今のところブルーオーシャンです。

新・高齢者住宅は高齢者に適した住まいを提供するだけでなく、新たなライフスタイル、新しい高齢期の過ごし方を提案することでもあります。

私たちのビジネスモデルを全国に広めるための試算をしてみました。このビジネスモデルは大都市部には当てはまらないため、地方の人口計5000万人を全国展開する対象とすると、現時点の状況（人口50万人強に32棟）をそのまま当てはめて３２００棟となります。２０４０年までの20年弱で３２００棟を開設するには、整備予算が計３兆円ほど必要と試算されています。

２０４０年に向けて日本全体で高齢者の住まいがたくさん必要になります。日本のどこにどのような高齢者住宅が整備されるかによって、将来の日本の姿が決まるといっても過言ではありません。

介護が中心産業となる

厚生労働省によると、介護の現場では約２１１万人（２０１９年度時点）もの介護職員が働いています。２０２５年度には約２４３万人、２０４０年度には約２８０万人の介護職員が必要だと試算され、現時点で年間５万人のペースで増やしていかなければならない計算です。慢性的な不足状態であるとはいえ、あらゆる産業の中で最も従事者数が多い業種の一つとされ、今後も確実に伸びると予測されています。

地方で介護事業を持続させるためには、利用者がある程度まとまっている必要があります。訪問介護の場合、各利用者の自宅が離れていると、移動時間や手待ち時間があるため一人の訪問介護員が勤務時間内に介助できる利用者の数は限られてしまいます。利用者が中山間部に点在していると事業が成り立ちません。このため、事業として安定させるためには、利用者がまとまっているほうがいいのです。経営の立場では、労働生産性の向上は大きな課題です。

私たちは、介護や福祉がコンパクトシティの主要産業となることを見据えて、職員の待遇改善に努めています。エッセンシャルワーカーである介護者が中産階級に位置づけられるように十分な給与を支払い、地方経済を発展させようという考えです。別の視点から見ると、介護事業が地方経済を牽引する産業となるためには、利用者がコンパクトな街に住み、労働生産性が高くなければなりません。

ところで近年介護業界で注目されていることとしては、新型コロナウイルスやインフルエンザなど新たな感染症の防止対策強化と介護ロボットの導入が挙げられます。

感染症対策を巡っては、東京都内の高齢者住宅では、ウイルス除去や除菌、消臭などの機能をもつ二酸化塩素をごく低濃度に機械的に発生させてビル全体に行き渡らせることができる低濃度二酸化塩素ガス発生装置を全館で導入しています。しかも、感染症の対策だけではなく介護施設で館内に漂いがちな独特の臭いまでも自動的に除去できるようになっていて、近い将来、強力な除菌・消臭機能をもった最先端の装置の導入が全国的に広がってくると期待されています。

こうした先駆的な取り組みについても私たちは注視し続け、実現できるものは積極的に導入していきたいと思っています。

介護ロボットについても全国の大学で研究が進んでいます。介護ロボットとしては目の見えない人や足の不自由な人を目的の場所まで連れて行ってくれる車いすロボットや、着用することで重たい荷物も軽々と持ちあげることができるロボットスーツがあり、各地の現場でさらに介護の職場環境の改善につながる、革新的な装置の導入を目指して、介護施設の人たちと共同で研究が続けられています。

かつて日本には分厚い中間所得層が存在し、安定した成長と活力の源となっていました。しかし、デジタル化とグローバル化などによって、分厚い中間層がなくなってしまいました。

今、これからの日本社会を支える層として、分厚い中間層の復活が求められています。この分厚い中間層となり得るのがエッセンシャルワーカーであり、その中心となるのが介護職です。高齢者人口の増加を考えると、介護事業自体が地方の中心産業となることは確実です。その中心産業となった介護事業で働く人の賃金が高いか低いかで、その地域の豊かさは決まっていきます。今後、分厚い中間層を担える可能性があるのは、介護職しかないといっても過言ではありません。

私たちの会社で働く介護職が年収４００万円として、共働きで８００万円です。地方都市で年収が８００万円あったら分譲マンションも買えます。１～２人の子どもを産んで育てようという気になります。介護は中心産業となる資格があります。

私たちの会社は２０２３年春、基本給の額にかかわらず全職種で１万円のベースアップをしました。翌年以降のアップ額は業績次第ですが、今回を含めて３年続けてベースアップする計画です。定期昇給分も合わせると全職員８００人がそれぞれ１万５０００

円くらいの賃金引き上げになるはずです。経営上、苦しい決断ではありましたが、賃金を引き上げないと日本は良くなりません。私たちの会社の賃金が上がることによって、他社もある程度追随せざるを得なくなります。必要なことは思い切って実施する必要があります。

また、介護職の待遇を改善すれば、他職種から介護職に人を集める効果も期待できます。

80歳以上が新たな消費者層に

高齢者になり収入が減少すると、先行きのことを考えて消費を抑えてしまいます。しかし、持続可能なコンパクトシティを実現するためには経済を回す必要があります。そのためには、高齢者にも新たな消費者層としてお金を使ってもらわないといけません。

それぞれのコンパクトシティで経済が成り立てば、日本全体の経済の衰退にも歯止めがかけられます。

消費＝豊かというわけではありませんが、欲しいものを自由に買うことで得られる豊かさもあります。先進的な健康にもつながり、介護予防や社会保障費を抑制できます。

高齢者住宅事業に取り組んでいて感じるのですが、高齢者は「もったいない」という感覚を強くもっています。自宅に住んでいて、高齢者住宅への入居を嫌がるケースが非常に多いのです。それは、「自宅を所有しているのに、なんで家賃を払って移り住まなくてはいけないの」という思いが根底にあるように思います。

さらに、自分の年金を惜しんでも下の世代にお金を残したがるお年寄りも多いと感じます。大事に貯金をして、自分のためには使わないのです。

しかし、自分の年金は自分の幸せのために使うべきですし、貯金せずに使ってもらったほうが日本の経済は回ります。さらに、子どもや孫の世代は人口が減っているのですから、資産を残しておく意味が薄れてきています。

ただ、団塊の世代が80代、90代になったら、その状況は変わっている可能性があります。団塊の世代は自分のお金は自分で使い、自分の家にしがみついて転居を嫌がるということはあまりないように思います。実際に、私たちが新しい高齢者住宅を作って見学会を開くと、団塊の世代に当たる70代の人が、以前より多く来るようになりました。自分の将来を心配しているようで、「将来、ここに入りたい」「ここにこういう高齢者住宅があってよかった」と言ってくれます。

おそらく、今の80代、90代の人は「頼むから自分の面倒を見てくれ」と言っていたと思います。同居するのが親孝行だという考え方です。一方、今の70代の人はどちらかというと「子どもに悪いから、老人ホームに入るよ。そのほうが気楽でいいわ」という感覚があるように感じます。「自分をいい老人ホームに入れてくれることが親孝行」という意識に変わってきているのはいい傾向だと考えています。

お年寄りには、住まいや食事、旅行などあらゆることにお金を使い、長くなった人生を豊かに過ごしてほしいと思っています。筑波大学などの研究チームがまとめた調査結果によると、なんらかのスポーツを観戦する高齢者は、うつのリスクが3割低いそうです。自分の好きなことや社会活動をいつまでも続けてもらうのが、肉体的にも精神的にも健康を保つことにつながり、社会の役にも立ちます。そして、結果的に日本経済を回すことにもつながるのです。

人間にとって、健康で長生きで、おいしいものを食べるとか、友達がいるとか、そういう素朴なことが一番の幸せなのだと思います。コンパクトシティは、そういう幸せを実現する場所に、自分で歩いて行ける。これまでコンパクトシティについてさまざまなメリットを説いてきましたが、高齢者にとっては「歩いて行ける」というのが最大のメリットなのだと感じています。

大都市の高齢者が幸せというわけではない

交通やインフラが発達している大都市に住んでいる高齢者も、そのまま住んでいて幸せになれるとは限りません。地方と大都市の大きな違いは、物価の違いです。例えば、地域別の物価水準を示した消費者物価地域差指数というのがあるのですが、２０２１年の結果は全国の物価水準を１００とすると、物価水準の高さは東京都（１０４・５）、神奈川県（103・0）が突出し、最も低いのは宮崎県（96・2）、群馬県（96・6）の順でした。費目別に見ると、東京都と神奈川県は「住居」や「教育」が高く、宮崎県は「住居」が低く、群馬県は「教育」が極めて低くなっています。

このように、都市は人口や企業が集まることで経済活動が活発になり、利便性も高いのですが、その分、住居費や教育費などが高くなります。収入の心配がある高齢者にとって大都市が住みにくいということは、統計データでも示されています。

今後、首都圏でも高齢化が急速に進みます。2021年現在の高齢化率は、最も高い秋田県で38・1％、最も低い東京都で22・9％ですが、2045年には秋田県で50・1％、東京都でも30・7％に達すると見込まれています。

高齢化率が高くなると、お年寄りの介護を誰がするかという問題が生じます。東京都だけを考えるならば、地方から若者に来てもらえばいいということになりますが、これまで若者の供給源として機能していた地方には、少子化が進んで若者がいません。それでも地方から若者を奪おうとすれば、地方都市自体が壊滅します。

大都市圏では、2040年に向けて、高齢者が急増していきます。現状のまま東京一極集中の流れが続けば、首都圏でこそ高齢者住宅が必要になるのですが、そもそも首都圏には開発する土地がありません。あるいは、開発してもそこで働く職員が集められない可能性があります。

だからこそ、首都圏など都市部の高齢者は、出身地に帰るか、ゆかりのない地方にIターンするか、どちらかを選ぶべきです。

目指すのは〜高齢者事業の延長線上に、まちづくり

少子高齢化が異常なスピードで進む日本では、長寿化に対応できる街に作り替える必要があります。私たちは高齢者住宅を起点としたコンパクトシティ化を目指していますが、その途中段階として、高齢者住宅の周辺のまちづくりにも取り組み始めました。

まず始めているのが、高齢者住宅の前に喫茶店など飲食店をオープンさせる取り組みです。高齢者住宅の周辺ににぎわいを作る「コミュニティビジネス」です。従来、地方

都市では公民館にコミュニティセンターの役割を担わせようとしていますが、うまく行っていません。ただ、自宅や職場に次ぐ第3の居場所である「サードプレイス」がたくさんある街は豊かです。私たちの高齢者住宅が建つ街を、そのような豊かである地域にしたいのです。

理想的な街にするために、飲食店以外にどのような店やサービスがいいのか、全国のモデル事業を視察に行っています。最終的には、高齢者住宅の周辺に住宅や店ができてコンパクトシティを形作り、これらのコンパクトシティをバスなどで結ぶ形を検討しています。

一番実現に近いのが、5棟を展開している鳥取県境港市です。いずれの高齢者住宅も駅や市役所などの近くにあり、一直線で結ぶことができます。それぞれの周囲の土地をすでに購入したり、購入を計画したりしています。米子空港から15分程度の距離なので、全国からの視察ツアーも手掛けたいと構想を練っています。

豊かで幸せな老後のために

人生80年時代では、大ざっぱに言って、60歳まで仕事をして、60歳から80歳までが老後というイメージでした。人生１００年時代に80歳まで仕事をするのならば、老後の20年間が後ろにずれただけであまり変わりません。ただ、これまで老後と見ていた60～80歳を現役世代のように働くわけにはいかないのが実情です。半分リタイアし、半分は社会貢献のために仕事をする、という人もいると思います。20年だった老後は、40年になるのです。

老後観は人によって異なります。しかも、人生１００年時代に入り、旧来の老後観は通用しなくなっていきます。この老後をどうとらえるかによって、豊かで幸せな老後を送れるかどうかが決まってくるように思います。

私は、セカンドライフは現役をリタイアした60～70代、サードライフは80～90代を想定しています。セカンドライフは、これまでの仕事で得たスキルを使い、社会に貢献するという考え方もあると思います。

ただ、社会は劇的に変化しており、特に情報通信技術（ＩＣＴ）やAIの発達によって、人間社会の職業の構成がガラッと変わってきています。リカレント教育やリスキリングという言葉がよく取り上げられるように、学び直しや異なる職業に就く必要が生じてくるのです。

変化する高齢者住宅の入居者層

私たちが２００５年に高齢者住宅事業を始めた当初は、「介護が必要な高齢者に、介護保険施設ではない選択肢を作りたい」という思いでした。ただ、事業を続けるうちに、入居理由は「自宅で介護が難しい」から「独居」に変化しています。一人暮らしをしている人が、「食事を作るのがたいへん」や「急病になったらと考えると不安」といった理由で入居を希望するパターンです。

こうした変化に伴い、私たちのコンセプトも「医療や介護、看護に力を入れる」だったのが、今では「人生１００年、いつまでも幸せ」「楽しく健康に年を重ねる」に変わりました。より豊かに暮らせる住宅を提供したいという思いが強くなっています。

　このため、私たちが提供する高齢者住宅は、自立しているお年寄りも「入居したい」と思える設備やサービスを心がけています。介護で困っている人たちのためというよりも、独居お年寄りや夫婦世帯に向けた事業です。

　例えば、鳥取県境港市に２０２０年11月に開設した高齢者住宅では、自立している高齢者はもちろん入居していますし、全入居者五十数人中の9割近くが、もともと独居か高齢者夫婦世帯でした。以前は多かった「自宅で介護を続けることが難しくなった」という理由での入居は本当に少なくなっています。介護の必要の有無にかかわらず、独居の高齢者や高齢者夫婦世帯が住みたいと思う高齢者住宅やまちづくりの必要性を実感しています。

　今後、結婚をしない単身者も増えていきます。そのような人たちは下の世代に身寄りがいないので、年を重ねるうちに、将来は自分へのご褒美で良質な高齢者住宅に入りたいと考えるのです。私たちが提案する新・高齢者住宅の需要はますます増していきます。

さらに進化する新・高齢者住宅

私たちが現在運営している高齢者住宅は、新・高齢者住宅の完成形ではありません。まだまだ進化します。私たちは、一つひとつの部屋を広くして入居者が部屋に閉じこもってしまうよりは、部屋は18平方メートルでいいので共用施設を広くしたほうが楽しいと考えて、今のスタイルに行き着きました。ただ、大都市や中山間部、郊外から早い時期に移住してもらうには、部屋を広くする必要があると考えています。やはり、自分の部屋に風呂や台所が付いているほうがいいという人も多くいます。特に、介護の必要のない元気な人が豊かさを求めるならば、そのようなニーズが生まれます。大都市部では、30平方メートルより広い部屋が非常に多く登場しています。

地方都市でも今後、広い高齢者住宅の需要は増していくはずです。例えば、人口15万人の鳥取県米子市では、30年ほど前に初めて分譲マンションができて、現在までに約50棟が建ちました。ここに住む世代が85歳くらいになって生活に不便を感じ、近くにある高齢者住宅への転居を検討するときに、部屋が狭いところには入居したがりません。この人たちは、所有する分譲マンションを売却するか賃貸に出すことになるので、現状の私たちの高齢者住宅よりも高い家賃を支払えます。住み替えのために広い部屋の高齢者住宅が必要になるときが必ず来るはずです。

社会貢献

これからは、元気な人が高齢者住宅に入ってくると想定しています。すると、リカレント教育やリスキリングのニーズも高まります。仕事をしたいという人がいれば、願いをかなえたいとも思います。今、世の中にはサービス付き高齢者向け住宅ならぬ「仕事付き高齢者向け住宅」も登場しています。経済産業省が提唱しているのですが、介護施設などで高齢者に仕事をしてもらい、社会参加を促すことで生涯現役社会を実現する狙いです。私たちも、上の階に住んでもらい、仕事は1階でしてもらうという高齢者住宅を構想しています。

　私たちの高齢者住宅は原則として共用スペースを多く取るため、各部屋は18〜二十数平方メートルと狭い部屋です。しかし、60代、70代のセカンドライフから入居してもらおうと、少し部屋を広くすると、その分だけ家賃が高くなります。これを解消するためにも、高齢者住宅から職場に通って家賃や生活費の足しにしてもらう、ということも視野に入れています。

　私たちが一つの理想だと考えている高齢者住宅は、定年を迎えたばかりのまだ元気なうちに入居してもらい、社会とのつながりを保ちながら豊かに幸せに暮らし、最期の看取りまで関わらせてもらう場所です。この一つの方法として、「仕事付き高齢者向け住宅」も「あり」です。高齢者住宅に入居した人に仕事も紹介して、どこかで生き生きと働いてもらうというのは、深刻化する高齢化の問題を明るいものに変える、新しい生き方の提案だと考えています。

おわりに

私が医師を務めていた当時、介護老人保健施設の担当医をしていたことがあります。施設ではお年寄りが大部屋で暮らし、臭いもしてきれいだとは言いがたい場所でした。自宅での介護が困難になって入っていたのだと思います。家族に見捨てられているように感じられました。お年寄りが亡くなる様子を見ると、「本当に人が住むところだろうか」と思いました。

こうした経験を重ねるうちに「介護が必要になり、自宅では暮らせなくなった人の面倒を見たい」という思いが強くなり、高齢者住宅事業に取り組むことにしたのです。１棟目を開設した２００５年当時、大都市には有料老人ホームがたくさんありましたが、地方都市にはほとんどありませんでした。

今では住環境が改善された特別養護老人ホームも増えています。しかし、１人あたりの床面積の最低基準は狭く抑えられ、部屋にトイレや洗面を設置するよう求められることもありません。つまり、経済的に余裕がない人が入るというセーフティーネットの性質が強いのです。経済的に余裕がある人が暮らす高齢者の住まいは、実質的に選択肢がありませんでした。私は、地方に住む人たちにも「施設」以外の選択肢があるべきだと考えました。

特別養護老人ホームには、費用の安さではどう頑張ってもかないません。そこで、妥協せずに建物や家具にこだわり、「入りたいという人に入ってもらえばいい」という考えで1棟目を作りました。すると、入居した人が元気になっていきます。現在とは違い、私たちが最初の頃に開設した高齢者住宅には、食事をするダイニング以外に共有施設はありませんでした。それでも、質の高い住宅にみんなが集まって住むと、元気になっていくのです。その様子を見て、「どんどん良い住宅を提供したい」と改良を加えながら事業を進めていきました。

歩けなかった人が歩けるようになる。そういう例もたくさん見てきました。ご飯を食べず、経管栄養も拒否して、ただ亡くなるのを待っているような状態の人も、私たちの高齢者住宅で食事をしてくれました。環境がそうさせたのだと思います。元気になってくると、風呂嫌いだった人が進んで風呂に入るようになったり、パソコンで家族に手紙を書くようになったり、さまざまな良い変化が訪れます。私が考える新・高齢者住宅は間違ってはいないと確信するようになりました。

私たちのホームページには、「山陰を日本有数の豊かな地域に」と掲げています。この目標の先には、日本全体を豊かな地域にすることがあります。そのために、私たちの新・高齢者住宅を全国に広げ、コンパクトシティ化を実現させていこうと考えています。

〈著者紹介〉
藤山勝巳（ふじやまかつみ）
株式会社リージョンデザイン・ホールディングス代表取締役社長
1986年鳥取大学医学部卒業後、鳥取大学医学部第一内科入局。
1997年医療法人厚生会米子中海病院院長を経て、2003年11月有限会社メディカル・ケア米子（現リージョンデザイン・ホールディングス）を設立し、高齢者住宅事業を展開していく。薬局事業や、カフェ事業に取り組むなど、医師としての経験と知見に基づいた総合的な生活環境の創出を視野に入れた事業を展開。高齢者住宅事業を軸に山陰地方の持続可能なまちづくりを推進している。

本書についての
ご意見・ご感想はコチラ

人生100年時代の地方高齢者の住まい

2023年6月29日　第1刷発行

著　者　　藤山勝巳
発行人　　久保田貴幸

発行元　　株式会社 幻冬舎メディアコンサルティング
〒151-0051　東京都渋谷区千駄ヶ谷4-9-7
電話　03-5411-6440（編集）

発売元　　株式会社 幻冬舎
〒151-0051　東京都渋谷区千駄ヶ谷4-9-7
電話　03-5411-6222（営業）

印刷・製本　中央精版印刷株式会社
装　丁　　田口美希
装　画　　坂上枝一郎

検印廃止

Printed in Japan
ISBN 978-4-344-94678-1 C0036
幻冬舎メディアコンサルティングＨＰ
https://www.gentosha-mc.com/